JESUALDO COSTA
CEAC
EDITORA
CONVERSANDO
sobre a
VIDA

Dados Internacionais de Catalogação na Publicação– CIP

C837c Costa, Jesualdo

Conversando sobre a vida / Jesualdo Costa. – Bauru, SP: CEAC, 2018.
160p.; 14x 21 cm

ISBN 978-85-8279-043-4

1. Espiritismo – dissertações 2.Vida – doutrina espírita I. Titulo.

CDD 133.9
CDU 133.7
CDE 80.03.00

Capa
César França de Oliveira

Diagramação
Renato Leandro de Oliveira

Revisor - Colaborador
Edson de Oliveira

1ª Edição – outubro de 2018

1.000 exemplares

Edição e Distribuição

CEAC
EDITORA

Rua 15 de Novembro, 8-55

Fone: (14) - 3227-0618

CEP 17015-041 – Bauru SP

www.editoraceac.com.br

www.tvceac.com.br

www.ceac.org.br

DEDICATÓRIA

A Deus, pela vida e por tudo...

A Jesus, por seu imenso sacrifício de amor...

À Adelina minha esposa querida, pelo seu amor e dedicação. (Lhe devo tanto...).

Ao meu amigo e irmão espiritual Gicemar, pelo muito que aprendo com ele.

À dileta amiga Egídia Nunes, pelo incentivo de quem acredita.

Aos benfeitores espirituais, pelo amparo e proteção sem trégua.

PARA INÍCIO DE CONVERSA...

Eu nunca havia tido a pretensão de escrever um livro. Essa ideia jamais passou pela minha cabeça, apesar de algumas pessoas amigas já terem me questionado a respeito do assunto. Uma amiga muito querida, Egídia Nunes, era a mais entusiasta a esse respeito. Sempre que nos encontrava, lá vinha ela perguntando: "Jesualdo, quando você vai começar a escrever um livro?". Então, aceitei a ideia. Mas surgiu a dúvida: Escrever sobre o quê? O que eu poderia escrever de novidade em um universo literário tão vasto? Então surgiu a ideia de escrever sobre temas diversos e fechar cada capítulo com alguns versos meus sobre o assunto.

Esse despretensioso livro não pretende trazer revelações novas, ensinamentos novos, mas um ponto de vista diferente, talvez, para temas corriqueiros na nossa vida. No livro A Gênese, Allan Kardec escreveu que existe o revelador primitivo, que traz o conhecimento consigo e o ensina, e o revelador de segunda ordem, que ensina aquilo que aprendeu. Nas páginas desse livro, coloquei pouco de mim mesmo e muito do que aprendi, principalmente com a Doutrina Espírita.

Foram momentos inesquecíveis, aqueles em que eu escrevia e vivia momentos de muita inspiração. A espiritualidade muito me ajudou. Essa certeza eu trago comigo apesar de não identificar ninguém em especial, mas todo um envolvimento que me trazia muita paz e sensações indescritíveis.

Agora, só desejo que estas páginas possam ajudar alguém de alguma forma. Que este livro possa levar um pouco de luz para quem o ler. PAZ E LUZ A TODOS e boa leitura...

PREFÁCIO

Pela primeira vez fui convidado para prefaciar um livro. Confesso que, pela responsabilidade e conhecedor de minhas limitações para tão importante solicitação, hesitei pensando o que escrever, embora sabendo do belo conteúdo que li e analisei com muita atenção, escritos com muito amor e esforço pelo seu autor.

Cada Espírito traz para sua nova existência física, de forma intuitiva, os conhecimentos adquiridos em existências pretéritas, que, somados aos da atualidade, solidificam tais conhecimentos.

O autor, nosso amigo e irmão espiritual, está nessa situação. Estudioso, dedicado aos compromissos que assume, palestrante brilhante, poeta e profundo conhecedor da abençoada Doutrina Espírita e, também, da Bíblia Sagrada.

Para tornar a leitura ainda mais agradável, o autor brinda o leitor com uma linda poesia relacionada ao texto, no final de cada capítulo.

Parabéns Jesualdo pela sua dedicação e boa leitura aos que tiverem a oportunidade de adquirir esta obra que irá, com certeza, enriquecer os seus conhecimentos.

Gicemar Soares de Souza
Março de 2016

UM POUCO MAIS SOBRE O LIVRO

ConVersando sobre a vida, é um livro que surgiu devido a sugestões de amigos, que ao ouvirem as palestras que faço em alguns Centros Espíritas de São Paulo, me questionavam sobre o porquê de já não ter escrito um livro sobre muito do que eu expunha nas palestras.

Então aceitei o desafio, e após nove meses de trabalho, surgiram os capítulos que compõem o livro.

É um livro doutrinário, porquanto alude a diversos assuntos sobre a luz da Doutrina Espírita.

Procurei expressões simples, embora profundas, com o objetivo de alcançar o entendimento de todos, principalmente alcançar o coração dos leitores.

Acredito que o livro foi idealizado para o público adulto, muito embora os jovens Espíritas também possam tirar proveito dos ensinamentos contidos nele.

Cada capítulo é distinto, sem a necessidade de ler o livro numa sequência. São abordados assuntos como: drogas, natal, Maria, a Mãe de Jesus, a maternidade, a paternidade, a dimensão do tempo, reencarnação, autoajuda, prece, etc. Encerro cada capítulo com uma poesia de minha autoria que sintetiza o assunto tratado no capítulo.

Meu desejo é que este despretensioso livro ajude levando conhecimento a quem o lê. Que Deus abençoe este trabalho.

SUMÁRIO

A BENÇÃO DO RETORNO

Quando o sábio filósofo francês, René Descartes, escreveu a famosa frase "EGO COGITO ERGO SUM" (Eu penso, logo existo) abriu margem à seguinte conclusão: Tudo o que não pensa no universo, não existe; o que seria um pensamento equivocado, pois uma pedra, por exemplo, não pensa, no entanto, existe. Porém, o sábio francês se referia certamente ao ser pensante que tem consciência da própria existência, sabe que existe. A partir desse pensamento, abrem-se duas alternativas: deixamos de existir após a morte do corpo, se considerarmos que o pensamento é criação do cérebro, ou continuamos a pensar e, consequentemente, existir, se considerarmos o cérebro apenas como um instrumento do Eu Espírito que se utiliza do cérebro para se manifestar no plano físico.

Na primeira possibilidade, para que nascer e viver uma existência de sofrimento, alegrias, aprendizados, desenvolvimento intelecto/moral, para em seguida vir o nada absoluto? Nesse caso, a vida não teria significado nenhum, portanto nenhuma razão de ser; melhor seria nunca ter nascido. Então, a razão, o bom senso e a lógica faz com que pensemos na segunda possibilidade: Eu preexistia antes do atual nascimento biológico, existo e continuarei existindo após a morte do corpo físico, que por ser material, sofre as transformações necessárias, envelhece e morre; enquanto o Eu Espírito, imaterial que transcende o corpo, continuará sua jornada na infinita morada universal. "Na casa do meu Pai há muitas moradas" asseverou Jesus em João capítulo 14, versículo dois. E compreendendo o universo como a casa do Pai, concluímos que as diversas moradas a que Jesus se referia certamente são os infinitos mundos e também as várias dimensões deste infinito universo que somente pela imaginação podemos conceber.

Sabendo que somente a Deus podemos considerar eterno, sem começo e sem fim, entendemos que nós, enquanto Espíritos, tivemos um dia um início e todos fomos criados nas mesmas condições; simples e ignorantes. De outra forma haveria privilégios de uns em detrimento de outros e, assim, onde estaria a justiça? Sabendo que Deus é infinito em suas perfeições e atributos, Ele é infinitamente justo e bom. Se a verdade é que fomos criados nas mesmas condições, por que as diversidades evolutivas? Porque além de termos sidos criados em tempos diferentes, uns se esforçam mais que outros. A reencarnação também é ensinada por Jesus, valendo-se de outros termos, é claro, uma vez que na época a palavra reencarnação não existia; como vemos no evangelho de Mateus 11-14, quando Jesus falava de João Batista: "E, se o queres reconhecer, ele mesmo é Elias que estava para vir". E também em João, capítulo 3, no versículo três, quando ele afirmava a Nicodemos: "Em verdade, em verdade te digo que, se alguém não renascer de novo, não pode ver o reino de Deus". RENASCER DE NOVO parece redundância, mas não é, ele quis dizer que já somos renascidos.

Observando a história da humanidade terrestre, a evolução, em todos os aspectos, é visível, o que nos leva a descartar a unicidade da existência, pois com ela o progresso ficaria estagnado. Voltamos, portanto, com toda a bagagem de progresso adquirido, com isso evoluímos e ajudamos o planeta a evoluir.

A propósito dessa verdade, um médico amigo do genial compositor Mozart, o procurou certo dia e pediu-lhe que lhe ensinasse a compor uma sinfonia, ao que o incomparável músico redarguiu:

—Você é ainda muito jovem para compor uma sonata. Comece, portanto, com uma balada.

Seu amigo respondeu, indignado:

—Como você pode dizer que sou jovem para compor uma sonata se você compôs sua primeira aos seis anos e eu já passo dos trinta.

O genial músico o olhou nos olhos e concluiu sabiamente:

— É verdade. Eu compus minha primeira sinfonia aos seis anos, porém não perguntei a ninguém como fazê-lo.

Seu jovem amigo então compreendeu que, na nossa jornada evolutiva, tudo tem seu tempo.

Somos o resultado de nós mesmos, nessa ou na vida futura. Vivemos em constantes viagens de idas e voltas, trazendo e levando conosco nossas próprias bagagens. Então pensemos: ao prepararmo-nos para a realização de uma viagem, algumas providências carecem de serem tomadas. Imprescindível é o preparo psicológico. De fundamental importância é o meio de transporte e a bagagem a ser levada, a qual nos será útil durante a viagem e o tempo de permanência até o anelado retorno.

No que tange ao retorno à nossa verdadeira pátria, o mundo Espiritual, Paulo nos afirma, em Gálatas 6-5: "Porque cada um levará o seu próprio fardo". Cabe-nos, portanto, se desejamos a felicidade futura, prepararmos nossa bagagem somente com o que nos será útil e salutar para a grande viagem. Na ida, na permanência e no retorno, nosso bem estar só depende de nós mesmos. Na infinita estrada de vida, ainda teremos muitas idas e vindas. Preparemo-nos, portanto, com o verdadeiro amor Cristão.

Quando aprendermos tudo o que a Terra tem para nos ensinar e alcançarmos a evolução moral que nos faculte o ingresso em um mundo melhor. Da Terra sairemos sem lhe dever um único centavo, ou nela permaneceremos por missão de amor para ajudar aos irmãos retardatários na jornada rumo à glória. Um dia saímos das mãos do nosso Pai Criador, nosso Deus de sabedoria perfeita e para Ele retornaremos um dia com todo o progresso realizado e, consequentemente, com todos os méritos da caminhada, onde seremos plenamente felizes.

OPORTUNIDADES

Deus, justo bom e soberano,
para toda criatura tem um plano:
Evoluir inexoravelmente.
É preciso nascer para viver,
necessário é morrer pra renascer,
progredir incessantemente.

A justiça de Deus é abrangente
em todo o universo está presente
e é sempre aplicada com amor...

Pelas portas da reencarnação
o Espírito anela a perfeição
e o seu retorno para o criador.

Através das múltiplas existências
acontece o despertar das consciências
e o avanço do Espírito imortal.
A semente que eu hoje semear
é a mesma que amanhã irei ceifar
na infinita seara universal.

Eu sei que a minha vida agora,
é o resultado da vida em que outrora
eu vivi, da maneira que eu bem quis.
Hoje, dessa verdade consciente,
semearei só amor presentemente
anelando no futuro ser feliz.

Reencarnação, sublime recomeço,
onde eu tenho tudo aquilo que mereço
sempre em busca da iluminação...
Essa é a mais pura verdade:
não há salvação sem caridade
nem justiça sem reencarnação.

REVELAÇÕES DIVINAS

Conta-se, através de uma parábola antiga, que em certa região da terra as frutas eram cada vez mais raras e os habitantes daquela região inóspita corriam o risco de ficarem sem frutas. Compadecendo-se daquela situação, Deus manda um dos seus mensageiros com a seguinte ordem:

-Diga-lhes que comam cada um deles, apenas uma fruta por dia e deixem que as demais se percam pelo solo.

Tementes a Deus que eram, passaram a cumprir essa ordem à risca. Os anos se passaram e as frutas que caíam pelo solo, apodreciam e suas sementes fecundavam em abundância. Assim, aquela terra passou a ser a mais frutífera do planeta, mas, fiéis ao mandamento divino, aquele povo continuava a comer apenas uma fruta por dia e as demais se perdiam pelo chão.

Percebendo aquele estado de coisas, Deus manda um novo mensageiro com uma nova ordem:

-Diga-lhes que comam quantas frutas desejem e distribuam as demais às províncias vizinhas.

Quando o novo profeta chegou com o novo mandamento, aquele povo, fiel as antigas tradições religiosas, não o obedece, e ainda o mata covardemente.

Com o passar do tempo, os mais jovens daquela aldeia, concluem que aquela tradição é ultrapassada e egoística e abandonam a igreja; porque fora dela, poderão comer quantas frutas quiserem e ainda repartir as outras com as aldeias vizinhas. Na igreja, ficaram apenas aqueles que não perceberam que o mundo muda e que precisamos mudar com ele.

Poderemos interpretar essa parábola da seguinte forma: As frutas representam a doutrina religiosa. O primeiro mensageiro divino é Moisés com a primeira revelação doutrinária que veio em forma de dez mandamentos (justiça divina). O segundo mensageiro é representado por Jesus, que dá cumprimento aos dez mandamentos e apresenta-nos uma doutrina mais abundante e que representa a segunda revelação de Deus para a humanidade (amor divino). Jesus não foi aceito pelo povo judeu e até foi assassinado covardemente.

Os mais jovens que deixaram a igreja local, por não concordarem com aquela doutrina, podem ser representados pelos adeptos da terceira revelação de Deus para a humanidade terrestre, o Espiritismo, que vem lembrar as primeiras revelações e complementar (verdade divina). Precisamos sempre entender, que entre as grandes revelações de Deus para a humanidade, pequenas revelações nos chegam, através de homens iluminados, que nos preparam para compreendermos as grandes verdades. Pois tudo nos leva a crer que Deus manda seus ensinamentos nos momentos apropriados, quando nós, seus filhos, estejamos em condições de compreender, como assim confirmou Jesus em João, capítulo 16 no versículo 12 e 13 "Tenho ainda muito que vos dizer, mas vós não o podeis suportar agora; quando vier, porém, o Espírito da Verdade, ele vos guiará a toda a verdade; porque não falará por si mesmo, mas dirá tudo o que tiver ouvido e vos anunciará as coisas que hão de vir".

O Espiritismo é, portanto, a terceira revelação divina no que tange os seus princípios básicos, que não mudarão por serem sinônimos de verdade, de outra forma não seriam revelações, muito menos divinas. O Espiritismo acompanhará a ciência passo a passo ficando assim sempre atualizado, por entender que a ciência é também um instrumento divino, para que a verdade chegue sempre no momento certo e de forma paulatina, de acordo com a nossa evolução.

REVELAÇÃO

Muito além das aparências,
das formas, das consistências,
existe um mundo causal.
Um mundo mais altaneiro;
justo, real, verdadeiro...
O mundo espiritual.

Esta é a grande verdade,
a pura realidade
revelada por Jesus...
Através do consolador
o Espírito verdade/amor
que trouxe ao mundo esta luz.

Purgatórios, céus, infernos,
padecimentos eternos,
não mostram a realidade.
Estes equívocos simplistas,
esses dogmas fideístas
não condizem com a verdade.

Como Jesus prometeu
a verdade apareceu
com lógica e pragmatismo;
tudo está esclarecido
pelo consolador prometido,
o próprio Espiritismo.

Kardec codificou
a doutrina de amor...
De amor e de verdade.
Onde Jesus revelou,
que pelas sendas do amor,
se chega à felicidade.

PERDÃO, SUBLIME PERDÃO!

No evangelho de Mateus, no capítulo 18, versículo 22, respondendo a indagação de Pedro sobre quantas vezes devemos perdoar a um irmão que pecar contra nós, se sete vezes, Jesus responde: "Não te digo que até sete vezes, mas até setenta vezes sete".

Jesus, que tinha todas as qualidades morais e intelectuais cem por cento desenvolvidas, era um terapeuta por excelência, pois sintetizou nesta resposta o remédio para muitos dos nossos males e angustias.

Sabemos que o universo é sustentando pela força de atração, energia e magnetismo. Sendo toda a humanidade inserida nessa lei, somos, cada um de nós, um pólo magnético que emitimos e atraímos o que pensamos, por ser o pensamento a energia mais sublime que se conhece. E Jesus sabia disso, por isso legou-nos esse ensinamento. Ao emitirmos qualquer pensamento, alguém só o assimila pela afinidade vibratória. Tudo precisa começar por nós e em nós mesmos. O perdão também precisa começar através do autoperdão, compreendendo nossos próprios erros e autoperdoando-nos.

A raiva e o ressentimento são venenos, que quando em nós, podem até nos matar, até mesmo pela somatização (as chamadas doenças psicossomáticas). Portanto, eliminar a raiva e o ressentimento com relação aos erros dos outros em relação a nós através do perdão, é a mais excelente das terapêuticas que podemos desenvolver. As energias perniciosas que detemos com a mágoa, somente fazem mal a nós mesmos, pois nem sempre nossos desafetos assimilam o que pensamos a respeito deles, por isso é imperioso perdoar, pois se trata de uma atitude sábia.

O perdão não isenta ninguém do débito a respeito das leis universais; se alguém errou, mesmo sendo perdoado, precisa reparar o erro a partir do arrependimento para em seguida haver a devida reparação, enquanto que aquele que perdoou, já ficou livre da energia deletéria da raiva. O perdão, portanto, somente é benefício para quem perdoa, pois segue sua vida sem pesos que só trazem sofrimento e dor. Se, sinceramente alguém pede perdão a outrem por falta cometida, significa que se arrependeu do ato cometido e já começa a ajudar a vítima com o pedido de perdão, pois se este o perdoar ficará livre enquanto que aquele ainda precisará reparar sua falta.

Existem aqueles que terceirizam o perdão quando dizem: "Que Deus o perdoe", colocando a responsabilidade do perdão nas mãos de Deus. Não, não é Deus que deve perdoar. Até mesmo porque Deus não perdoa ninguém, porquanto nunca se sente ofendido; compreende Seus filhos ainda imperfeitos; Deus somente nos ama sem restrições, com um amor tão divino que quase nunca o compreendemos. Apenas existem as leis perfeitas do universo que nos educam. O perdão é uma atitude humana, pois somente os humanos sentem-se ofendidos; o perdão é humano e não divino como muitos pensam, não é divino senão a qualidade dessa atitude. A propósito, vale lembrar uma antiga parábola oriental de domínio público que assim narra:

Dois grandes mercadores árabes, de nome Amir e

Farid, eram muito amigos e sempre faziam suas viagens de negócios juntos, cada qual com sua caravana, seus escravos e empregados.

Numa dessas viagens, ao passarem junto a um rio caudaloso, Farid resolveu banhar-se, pois fazia muito calor. Em dado momento, distraindo-se, foi levado pela correnteza. Amir, vendo que seu amigo corria risco de morrer, atirou-se às águas e, com inaudito esforço, conseguiu salvá-lo.

Após esse episódio, Farid chamou um de seus escravos e mandou que ele gravasse numa rocha ali existente, a seguinte frase: "Aqui, com risco de sua própria vida, Amir salvou seu amigo Farid".

Ao retornarem, passaram pelo mesmo lugar, onde pararam para um rápido repouso. Enquanto conversavam, tiveram uma discussão e Amir, alterando-se, esbofeteou Farid.

Farid aproximou-se da margem do rio e, com uma varinha, assim escreveu na areia: "Aqui, por motivos fúteis, Amir esbofeteou seu amigo Farid".

O escravo que fora encarregado de escrever na pedra o agradecimento de Farid, perguntou-lhe:

- Meu senhor, quando foste salvo, mandaste gravar este feito numa pedra e agora escreveis na areia o agravo recebido. Por que assim fazeis?

Farid respondeu-lhe:

- Os atos de bondade, de amor e abnegação devem ser gravados na rocha para que todos aqueles que tiverem oportunidade de tomarem conhecimento deles procurem imitá-

-los. Ao contrário, porém, quando recebemos uma ofensa, devemos escrevê-la na areia, próximo às águas, para que desapareça levada pela maré, a fim de que ninguém tome conhecimento dela e, acima de tudo, para que qualquer mágoa desapareça prontamente do nosso coração.

Finalmente, devemos considerar que o perdão é uma das três características da caridade como entendia Jesus além da benevolência e da indulgência para com todos, conforme aprendemos com a pergunta e a resposta 886 do livro basilar do Espiritismo: O Livro dos Espíritos.

SETENTA VEZES SETE

Pergunta Pedro a Jesus
dúvidas do seu coração;
se contra minha pessoa
errar constante um irmão,
quantas vezes meu Senhor
eu devo usar o perdão?

Se alguém me magoar
e me ferir no dia a dia
como devo proceder
diante da covardia?

Perdoar-lhe sete vezes,
com amor e empatia?

Com muito amor no olhar
Jesus responde e repete:
"O perdão puro e sincero,
muita luz ele reflete,
portanto, perdoe não sete,
mas setenta vezes sete.

CRISTIANISMO

João, o discípulo amado, tem um evangelho diferente dos outros três evangelhos sinóticos, que têm como características, narrativas biográficas da vida de Jesus. Vemos no evangelho de João uma forma estranha, embora poética de anunciar Jesus, como se ele, João, escrevesse mediunizado, pois era um médium portentoso.

E ele inicia os seus escritos, assim se referindo a Jesus: "No princípio era o verbo, e o verbo estava com Deus, e o verbo era Deus". A igreja dominante apega-se a esta parte dos evangelhos para estabelecer que Jesus seja o próprio Deus, o que não é verdade, conforme o próprio Jesus esclareceu em várias passagens, pois sabia que sua história seria deturpada. Disse Ele, certa feita, ao homem que o chamou de bom mestre: "por que me chamas de bom? Bom é somente Deus" (Lucas 18-19). Em outra oportunidade, ao se despedir de Maria Madalena logo após sua ressurreição, assim se expressou: "Eu vou para meu pai e vosso pai, para meu Deus e vosso Deus" (João 20-17). Isso para mostrar apenas duas passagens onde Jesus nos esclarece sobre este assunto. Porém, de certa forma João falou a verdade sobre Jesus, pois sabemos que quando a terra ainda era uma gigantesca bola incandescente, recentemente desprendida do Sol, as hostes celestes se reuniram em derredor da terra e nesse momento, Jesus foi designado a ser nosso Governador Espiritual, pois naquela oportunidade já era um Espírito puro, um dos muitos ministros de Deus, conforme nos esclarece o Espírito Emanuel no livro "A Caminho da Luz" psicografia de Chico Xavier. Então para nós outros, Espíritos ainda na infância espiritual, considerar equivocadamente que Jesus é Deus, tem certo sentido, pela distância espiritual que nos separa.

Isto posto, entendemos que Jesus, enquanto nosso dirigente espiritual, nunca nos deixou a mercê de nós mesmos. Sempre nos enviou avatares com doutrinas espirituais para nos libertar do terra a terra. A prova disso é que todas as doutrinas religiosas da antiguidade têm como princípio o "Amar ao Próximo como a ti mesmo", embora usando outras palavras ou expressão. No momento apropriado, cumprindo-se todas as profecias, o próprio Jesus, em grande sacrifício de amor, chega à Terra fisicamente para nos ensinar o caminho que conduz a Deus, nosso pai. A doutrina do Cristo é uma doutrina muito forte para seres ainda tão fracos como nós, que desenvolvemos tantas imperfeições ao longo da nossa trajetória enquanto Espíritos, por isso que Seus ensinamentos representam a "porta estreita" que devemos nos esforçar para passar por ela, pois muitos tentarão e não conseguirão. (Lc. 13-24).

Vemos nos evangelhos que Jesus é o verdadeiro caminho para uma vida melhor, nessa existência e na vida futura. Em seus ensinamentos está contido o mapa do tesouro que o ladrão não rouba e a traça e a ferrugem não corroem. Nele encontramos a verdade que liberta e a consolação que nos motiva e impulsiona-nos avante. Sabemos que não basta acreditar e ter fé, pois a fé sem obras é nula, é inoperante, é morta (Tiago 2.14-26). Esforcemo-nos para fazer a vontade de Deus e não nos conformemos com o mundo (Romanos 12-2) e assim poderemos ser considerados verdadeiros Cristãos.

Amar é a meta, pois Deus é amor. Por isso é que quando o homem ama, ele se parece com Deus, e foi exatamente isso que Jesus nosso mestre, nosso irmão maior, nosso amigo de todas as horas, veio nos ensinar, mas infelizmente o nosso orgulho e egoísmo ainda nos dominam, tirando-nos a força de amar como devemos. O reino de Deus está dentro de nós e certamente é o reino da verdade, então devemos nos autoconhecer para chegarmos a verdade que liberta como Ele nos asseverou "Conhecereis a verdade e a verdade vos fará livre" João 8-32.

É por tudo isso que temos tanta dificuldade de praticar o verdadeiro cristianismo, de sermos verdadeiros Cristãos. Porque afirmar; "eu sou cristão" é fácil. Difícil é ser cristão, seguir os passos do mestre, andar pelas areias escaldantes que Ele andou e beber do cálice que Ele bebeu.

Ser Cristão, embora tenhamos dificuldade em sê-lo em plenitude, deveremos nos esforçar para trilharmos o caminho do evangelho, pois como ser espírita, ser cristão é reconhecer nossas deficiências espirituais e nos esforçarmos para combater nossas más inclinações ou tendências. E creiam caros amigos que pacientemente leem estes escritos, Jesus está presente onde reina a intenção sincera de sermos seres humanos melhores, Ele nunca nos abandonou e irá sempre nos conduzir ao encontro do Pai, conforme sua promessa no último versículo do evangelho de Mateus: "E eis que estou convosco todos os dias, até a consumação dos séculos". Então, com Jesus no barco, tudo vai bem. É só segurar na Sua mão.

SER CRISTÃO

Ser cristão é ter bondade
e praticar a caridade
sendo assim benevolente.
É viver com alegria,
toda hora, todo dia,
despretensiosamente.

É a si mesmo negar
e sua cruz carregar,
como Jesus carregou…
E assim, seguir seus passos
sem desânimo, sem cansaço,
priorizando o amor.

É buscar o reino de Deus
combatendo o próprio eu,
para ser um vencedor…
É buscar sempre Jesus
pra se iluminar com a luz
que vem do Cristo e Senhor.

Ser cristão é perdoar
quando seu irmão errar,
porque isso é indulgência.
É se autoconhecer
para assim combater
todas suas más tendências.

É ser bom, é ser clemente
e estar sempre presente
estendendo a sua mão...
Ser cristão é tudo isto;
é fazer nascer o Cristo
dentro do seu coração.

AUTOCONHECIMENTO: A CHAVE DA LIBERTAÇÃO

No antigo oráculo de Apolo em Delfos, na antiga Grécia, havia a seguinte frase em seu frontispício: HOMEM, CONHECE-TE A TI MESMO E CONHECERÁS O UNIVERSO E OS DEUSES. Quem a escreveu? Platão(428-348 a.C.), um dos discípulos de Sócrates, em seu livro "Protágoras", a atribui aos sete homens, considerados por ele, Platão, como os sete sábios da antiga Grécia: Tales de Mileto, Bias de Priene, Pítaco de Mitilene, Cleóbulo de Lindos, Mison de Khene, Sólon e Chilon. Conta Platão que estes sábios reuniram-se no templo de Apolo no século VI antes de Cristo para escolherem juntos a frase para a fachada do templo e a frase acima foi a frase vencedora. Sócrates, um dos maiores sábios e filósofo, também Grego (já disse alguém, na época, que "o mundo produz homens, mas a Grécia produz sábios"), se utilizou desta máxima para basear seus ensinamentos durante toda a sua vida. Somente por estas informações, já vemos que o autoconhecimento é a chave do nosso progresso evolutivo, pois vieram de homens que verdadeiramente sabiam o que falavam. Depois de aproximadamente três séculos e meio, Jesus, nosso mais puro modelo e guia, vem corroborar com esta verdade quando nos alerta: "*Conhecereis a verdade, e a verdade vos libertará*" (João 8-32), e quando nos garantiu que *o reino de Deus está dentro de nós*, é como se dissesse: Se autoconheçam que conhecerão o reino de Deus dentro de si, e aí serão livres.

O grande problema dos homens, é que dá saltos gigantescos para fora de si, iludidos pelos sentidos materiais, e não anda dez centímetros para dentro de si mesmos, a prova disto é que o progresso material e tecnológico é evidente em detrimento do progresso moral.

Em primeiro lugar, há necessidade do reconhecimento íntimo dessa verdade, para que a partir daí se inicie o trabalho sobre si mesmo em busca do autoconhecimento. Todos os grandes sábios, durante todos os tempos, basearam seus ensinamentos a partir desta verdade.

Agostinho, bispo de Hipona, reconhecido pela igreja católica como santo e canonizado, nem sempre durante sua existência terrestre viveu em santidade. Durante os anos de sua mocidade, era um jovem inconsequente e vicioso até a sua conversão, para que a partir daí se iniciasse para ele o limiar de uma nova vida, vida santificada. Conta-se que sua mãe, Mônica, que viria a ser conhecida como santa Mônica rezou durante mais de vinte anos para que isso acontecesse, e seus pedidos foram atendidos (mães, não parem de rezar...). Santo Agostinho tornou-se um dos homens mais importantes e influentes da igreja e vemos em sua biografia exemplos que merecem ser imitados...

No século dezenove, com o advento do Espiritismo enquanto terceira revelação, Santo Agostinho foi um dos Espíritos da falange de Jesus que ajudou na codificação da doutrina espírita com muita contribuição, e na pergunta 919 de O Livro dos Espíritos, quando Kardec pergunta qual o meio mais eficaz para se melhorar nessa vida e resistir aos arrastamentos do mal, ele se apresenta com a seguinte resposta: Um sábio na antiguidade vos disse: "Conhece-te a ti mesmo". Quando, então, Kardec pede-lhe explicação sobre como fazer para nos autoconhecer, ele nos transmite sua própria experiência nesse campo, quando aqui esteve reencarnado. Disse que no final da cada jornada, antes de dormir, passava seu dia em revista, inventariava seu dia, analisando suas atitudes com o objetivo de corrigir o que fosse preciso e quando racionalizava alguma atitude errada para justificá-la, imaginava essa atitude sendo praticada por outrem, e se a condenasse em outro, era uma atitude condenada em si mesmo.

É extremamente importante que façamos este exercício após nossa prece noturna, nos momentos que antecedem o sono físico, pois esse não é um tempo perdido, pelo contrário, é um investimento para a posteridade. Este exercício diário certamente nos fará pessoas melhores, pois nos autoconhecendo, podemos então, corrigir o erro em nós mesmos. Não há outra possibilidade.

A maioria das mazelas humanas tem como causa a falta do autoconhecimento, pois somos ilustres desconhecidos de nós mesmos. Muitas vezes agimos sem a devida reflexão, movidos por puro instinto e na maioria das vezes, nossos atos nos surpreendem, pois comumente chegamos a seguinte conclusão: "eu não sabia que era capaz dessa atitude, jamais imaginei que agiria assim..." Ora, se assim concluímos após algumas de nossas atitudes, significa que não nos conhecemos devidamente.

Já vimos anteriormente que somos filhos de Deus, Ele é nosso Pai Criador, portanto temos o DNA divino, fomos feitos espiritualmente à *Sua imagem e semelhança* (gêneses

1-26). Entendemos agora porque *o reino de Deus está dentro de nós*, somente fisicamente somos da terra, espiritualmente somos divinos, por isso Jesus garantiu-nos "*Sois deuses*".

Nossos equívocos enquanto seres humanos se devem às nossas imperfeições, que desenvolvemos a partir da criação, por causa da deturpação dos nossos instintos naturais em vez de sublimá-los. Sabedores destas verdades, precisamos fazer uma linda viagem pelo nosso interior, a fim de nos autoconhecer, vencer a nós mesmos e descobrirmos nossa essência divina, nosso Deus Interior, porquanto esse é o objetivo da vida: o encontro pessoal com Deus, que está em tudo, mas principalmente dentro de nós.

ENDEREÇO DIVINO

Já dizia um sábio antigo:
—Conhece-te a ti mesmo...
Somente assim, meu amigo
não andarás mais a esmo.

Dentro de ti está contido
o segredo da existência...
Há um tesouro escondido
na tua mais pura essência.

Tudo o que há no universo,
te asseguro neste verso,
está na tua intimidade...
Te garanto meu irmão:
Dentro do teu coração
está a luz da divindade.

ESSA TAL FELICIDADE

Conta-se em uma lenda antiga, que quando apareceram os primeiros homens na terra, Deus quis que eles fossem felizes, e quando já se preparava para lhes agraciar com a felicidade, o inimigo trevoso aparece e questiona:

- Não é justo que eles recebam a felicidade assim, de graça. Seria mais justo que a felicidade fosse uma conquista, que eles a conseguissem por seus próprios méritos. Permita, então que eu a esconda para que o homem a procure e, a encontrando, tenha dela o merecimento.

Deus aquiesceu, pois achou justo o argumento e consentiu que assim fosse.

As inteligências do mal se reuniram então, para decidirem qual seria o local ideal, de difícil acesso, para esconderem a tal felicidade, pois não desejavam que o homem a encontrasse. Um deles então opinou:

- Escondamos no fundo do mar, nas águas abissais.

A maioria não concordou, pois disseram que no futuro o homem iria fabricar submarinos sofisticados e a encontraria. Sugeriu outro:

- A coloquemos então, na lua.

Essa ideia também não foi aprovada, porquanto com o progresso, iria se desenvolver naves espaciais e ficaria fácil a felicidade ser encontrada.

- Na montanha mais alta da terra – alguém falou.

Mas chegaram à conclusão de que o Espírito de aventura dos homens, iria fazer com que eles desejassem conquistar os montes pela escalada e a encontrariam.

Depois de horas de reunião e de muita discussão sem chegarem a um acordo, eis que um desses Espíritos do mal, opina:

- Sugiro que escondamos a felicidade dentro do próprio homem.

- Como assim? – perguntaram os demais sem entender. E ele explicou:

- É que o homem é tão distraído dele mesmo, que nunca olha para dentro e está sempre voltado para fora, para as coisas externas e dessa forma dificilmente encontrará a felicidade.

Conta-se, que a partir de então, assim aconteceu. E até hoje, a humanidade debalde busca a felicidade em coisa externas e efêmeras e não percebe que a felicidade é um processo interno, está dentro do homem e que não existe caminho para a felicidade, porquanto a felicidade é o caminho.

Em capítulo anterior já escrevemos um pouco a respeito, mas nunca é demais voltar ao assunto, focando de forma diferente.

Eu descobri na minha busca incansável da felicidade, que será difícil a conquistar de forma completa, por enquanto, devido a minha imperfeição, pois percebo que os momentos infelizes de hoje, estão enraizados em meus erros e equívocos do passado. Percebi também que os momentos felizes que também existem, estão enraizados em algumas virtudes que já consegui realizar em mim. A doutrina Espírita me ajudou muito nessas descobertas, quando esclarece que somos os construtores do nosso próprio destino, artífices da nossa própria vida.

Na pergunta 920 de O Livro dos Espíritos, Kardec pergunta se pode o homem gozar na Terra de uma felicidade completa, e a resposta é: Não, pois a vida lhe foi dada como prova ou expiação, mais dele depende abrandar os seus males e ser tão feliz quanto se pode ser na Terra. A partir dessa questão, Kardec apresenta outras perguntas a respeito do assunto, que vale a pena caro leitor, um estudo a partir da pergunta 920 de O Livro dos Espíritos, cujo assunto é: esperanças e consolações.

O fato é que se estamos ainda em um planeta de provas e expiações, se não somos ainda Espíritos superiores para estarmos em missão na terra, somos então ainda inferiores e, portanto devedores de alguma forma às leis divinas e precisamos quitar nossas dívidas. À medida que formos, aos poucos, nos livrando das dívidas e nos acertando com a lei, consequentemente seremos mais felizes.

Quando os sábios gregos escreveram na fachada do oráculo de Delfos, na antiga Grécia a frase: Homem conhece-te a ti mesmo, eles sabiam o que diziam, pois somente com o autoconhecimento descobriremos o que nos causam infelicidade e consequentemente o que precisamos para sermos verdadeiramente felizes, porquanto a felicidade reside dentro de cada um de nós.

É claro que concomitantemente, devemos desenvolver o amor ao próximo, pois *fora da caridade não há salvação,* como nos esclarece a doutrina Espírita. O filósofo pós-socrático Aristóteles, já asseverava: *A felicidade consiste em fazer o bem*. E essa verdade é confirmada pelo Espiritismo.

Na busca da felicidade, devemos então, através da meditação melhorar o nosso contato com Deus, que está fora, mas, sobretudo está dentro de nós, para que entendamos qual é a Sua vontade em relação a nós, como nos ensina Paulo em Romanos 12-2 "*Não vos conformeis com o mundo, mas transformai-vos pela renovação da vossa mente, para que experimenteis qual seja a boa, agradável e perfeita vontade de* Deus".

A vontade de Deus, como a vontade de todo pai, é de que sejamos felizes, mas pelos nossos próprios méritos, para que verdadeiramente façamos jus à felicidade que conquistarmos.

SEGREDOS DA FELICIDADE

É no escrínio do nosso coração
Que guardamos a verdade que liberta.
É somente procurar com atenção
Pra fazermos a grande descoberta.

É na pureza de nossas essências
Que está o amor e a verdade.
No refolho de nossas consciências
Está o segredo da felicidade.

A chave é o autoconhecer
Pra se fazer a reforma interior.
Fazer da fé, da esperança e do amor,
Instrumentos pra viver a caridade.
Felicidade está no Real Ser,
No bem, na indulgência e no perdão...
Na pureza do nosso coração
Está guardada a felicidade.

CARIDADE É AMOR EM AÇÃO

Alguém já falou que "se o malandro soubesse o quanto é bom ser honesto, ele seria honesto só por malandragem". Foi pensando nessa frase, que encerra toda uma verdade, que iniciei uma viagem mental, imaginando o homem em todos os tempos, e concluí: O amor é a essência do universo, porquanto *Deus é amor*, como definiu João, o discípulo amado, com muita sabedoria, então, quando o homem ama, ele se parece com Deus, o que é natural, pois somos Seus filhos.

Distanciados do amor, distanciados de Deus, essa é a verdade. Dessa forma, é fácil concluir que o mal é a ausência do bem, que é a prática do amor. E durante toda a vida humana, nós humanos vivemos entre estas duas extremidades, sempre oscilando entre o bem e o mal... E todo o sofrimento advém do nosso afastamento de Deus, quando estamos inseridos no mal, às margens das leis de amor.

No decorrer de toda historia da Terra, Jesus, nosso guia Espiritual, sempre enviou mensageiros, Espíritos iluminados pela luz do amor próprio, altruísta, para nos ensinar que somente o amor constrói, ilumina e liberta.

Deus convida-nos a todo instante a seguirmos pela senda do amor, como todo pai que orienta seu filho, para que este seja feliz na vida. Por isso, de tempos em tempos, surgem homens de gênio, seres iluminados, enviados do Pai, com esse objetivo: alertar a humanidade, quanto ao caminho que devemos seguir.

Jesus, enquanto nosso governador Espiritual, veio pessoalmente em missão de grande sacrifício (sacro ofício), nos ensinar a amar, com todo o exemplo de sua existência entre nós. O príncipe da paz, o homem amor, desceu das dimensões mais sublimadas, provando um amor imenso, para dizer-nos: "*Eu sou o caminho, a verdade e a vida, ninguém vem ao Pai, se não por mim*", João 14-6. Observem que Ele falou ***vem ao Pai***, e não ***vai ao Pai***. Vem ao Pai, significa que Ele já está no Pai e nos convida a segui-lo.

Todos os que obedecem ao chamado do amor, que veio ao mundo pelos grandes avatares, ou mensageiros, e também por Jesus, obedecem ao chamado do próprio Deus, que se manifestou na Terra através desses homens. Paulo de Tarso entendeu perfeitamente a definição divina feita por João, o evangelista, quando estabeleceu que *Deus é amor.* E quando entendeu essa verdade, viveu procurando personificar o amor em si próprio, mostrando-nos com exemplos como tem que ser.

Escreveu, também, Paulo o mais sublime poema de amor em Coríntios I, capítulo 13, onde ele afirma que mesmo que se faça tudo o que deve ser feito, mesmo que se pratique a caridade, mesmo que se desenvolva toda sua inteligência, mesmo que se tenha a fé que transporta montanhas e que se desenvolva todas as virtudes, se não houver amor, nada disso vale. E encerra Paulo seu lindo poema, no versículo 13, declarando: "Agora, pois, permanecem a fé, a esperança e o amor, destes três; porém, o maior destes é o amor".

Não há desculpas que justifiquem a não vivência do amor, mesmo que estejamos em situações difíceis, tristes e oprimidos; ninguém é tão miserável que não possa amar, até mesmo porque o amor é a única saída para todas as crises e males. Então se a tristeza, a desolação e o desânimo te rodeiam, para... olha para trás, para frente e ao teu lado. Atrás, verás seres em situação deveras pior que a tua, então te resignes, aceita a tua cruz e sigas adiante. À frente, deslumbrarás a luz da esperança a reluzir no fim do túnel escuro em que te encontras, então te animes, pega tua cruz e segue adiante. E ao teu lado verás Jesus a dizer-te; "*Vinde a mim, tu que andais em sofrimento e sobrecarregado que eu te aliviarei. Tomai sobre vós o meu jugo e aprendei de mim, que sou manso e humilde de coração e encontrarás descanso para a tua alma. Porque o meu jugo é suave e o meu fardo é leve. Quem vem a mim, terá vida e vida em abundância*".É por isso que a doutrina espírita tem como slogan "FORA DA CARIDADE NÃO HÁ SALVAÇÃO". Sendo a caridade o próprio amor em ação, precisamos amar. Amar além dos nossos próprios limites, exercitando esse amor através da caridade, para sermos verdadeiramente felizes.

ATENDENDO AO CHAMADO DO AMOR

Deus, que é amor imenso,

Convida-nos ao trabalho divinal

De expansão do amor universal,

Que todo ser está propenso...

O amor em nós, assim eu penso,

É a essência do próprio Criador
E cada um de nós é condutor
Desse amor que em nós se faz semente...
O universo brilha mais intensamente
Quando atendemos ao chamado do amor.

E com o despertar das consciências,
Na seara de Deus nos embreamos.
No labor fraternal nós trabalhamos,
Reformando assim a nossa essência...
Com as asas do amor e da ciência,
Voaremos para Deus, o Criador...
Então desfrutaremos o esplendor
De estar com Ele eternamente...
O universo brilha mais intensamente
Quando atendemos ao chamado do amor

A natureza fica muito mais ativa,
Os pássaros, felizes, cantam mais.
Uma brisa de amor e muita paz
Traz ao mundo nova perspectiva...
Do nosso íntimo jorra fonte de água viva
E tudo se transforma em esplendor.

Só sai luz do nosso interior
E felicidade é tudo o que se sente...
O universo brilha mais intensamente
Quando atendemos ao chamado do amor.

AS DUAS PORTAS

Conta o escritor Paulo Coelho, em seu livro "Contos do Alquimista", que um eremita do mosteiro de Sceta se aproximou do abade Teodoro e falou:

- Sei exatamente qual o objetivo da vida. Sei o que Deus espera do homem, e conheço a melhor maneira de servi-lo. E, mesmo assim, não consigo fazer o que é preciso, não tenho força suficiente para praticar o que sei e servir a Deus.

O abade Teodoro ficou em silêncio por um tempo e finalmente, falou:

- Você sabe que existe uma cidade do outro lado do oceano onde se vive a felicidade plena. Mas não procurou o navio que fará a viagem, não preparou sua bagagem e sequer comprou a passagem para cruzar o mar. Por que ficar comentando como a cidade é, ou como deve ser bom viver nela?

O abate Teodoro fez uma breve pausa e continuou:

- Saber o objetivo da vida, ou conhecer a teoria de servir a Deus, não basta. Coloque em prática o que você sabe, dê o primeiro passo, e o caminho se mostrará por si mesmo.

Este curto diálogo entre o mestre e o discípulo, nos mostra a distância entre a teoria e a prática e que só depende de nós escolhermos praticar, para sairmos do campo teórico.

Eu Espírito, você Espírito, nós Espíritos, temos um corpo físico que nos proporciona experiências materiais no campo físico e podemos sentir estas experiências através dos conhecidos sentidos físicos: visão, audição, paladar, olfato e tato.

É sabido que possuímos outro sentido, este espiritual, que o conhecemos como o sexto sentido. Já dá para perceber, até por uma questão matemática, a dificuldade de desenvolvermos o sentido espiritual, pois são cinco contra um. Além dessa "desvantagem", os nossos cinco sentidos materiais, colocam-nos em contato direto com a matéria e nos proporcionam prazeres físicos que nos cativam cada vez mais no materialismo.

A morte do corpo físico é inexorável e a partir daí, tudo o que for material ficará e somente o que for verdadeiramente nosso, poderemos levar. Por isso, Jesus, nosso governador espiritual, sempre se empenhou em nos ensinar essa verdade, para que nenhuma de suas ovelhas se perca. E não se perderá, porquanto mais cedo ou mais tarde aprenderemos a priorizar o essencial, que é o aspecto espiritual da vida. Aqueles que mais cedo aprenderem, serão mais cedo felizes, enquanto os outros, por suas próprias escolhas, sofrerão mais tempo.

No evangelho de Mateus, 7-13 e 14, Jesus nos alerta: "*Esforçai-vos para entrar pela porta estreita (larga é a porta, e espaçoso, o caminho que conduz para a perdição, e são muitos os que entram por ela), porque estreita é a porta, e apertado, o caminho que conduz para a vida, e são poucos os que entram por ela". Já no evangelho de Lucas, 13-24, Jesus fala: "Esforçai-vos por entrar pela porta estreita, pois eu vos digo que muitos procurarão entrar e não poderão*".

Quando o Divino Amigo pede para que nos esforcemos, é porque Ele sabia e sabe das dificuldades que a matéria impõe ao Espírito fraco. É por isso que eu digo sempre que o caminho espiritual é a senda do fio da navalha, difícil é permanecer nele. Mas Jesus estabeleceu que quem perseverar até o fim, vencerá.

Existem, portanto, duas estradas ou duas portas, e a escolha e a decisão de seguir por uma ou outra será sempre nossa, individualmente. Não entendam caros leitores, que escolher a porta estreita seja o caminho do autoflagelo ou do sofrimento voluntário. Não, definitivamente, não. Devemos sempre lutar, através do instinto de conservação pelo nosso bem estar. O nosso problema está na prioridade que damos. Jesus não condenou o aspecto material da vida, apenas *que devemos priorizar o reino de Deus em nossas vidas e as demais coisas, virão por acréscimo*, Mateus 6-33.

Quando, finalmente entendermos que o que é perecível é o material e imperecível e imortal são as coisas do espírito e que esta escolha nos fará felizes, ficará mais fácil optar pela porta estreita. Paulo também nos alerta quanto a tudo isto, em sua epístola aos Romanos, quando nos fala sobre a "vida nova", no capítulo 12-2: *"Não vos conformeis com o mundo, mas transformai-vos pela renovação da vossa mente, para que experimenteis qual seja a boa, agradável e perfeita vontade de Deus".*

Além desse mundo físico, há o mundo espiritual, um mundo de paz e de felicidade, mas não basta saber dessa verdade, é preciso preparar a bagagem de valores espirituais, pois valores materiais lá não entrarão. Desenvolvamos, portanto, nosso sentido espiritual, porque no final só ele permanecerá. Que Deus nos abençoe e dê forças.

A PORTA ESTREITA

Oh, Senhor! me ajude a discernir
o caminho que eu devo caminhar.
Que meu anjo possa me intuir,
que eu tenha ouvidos para ouvir
para acertadamente optar...

Abrangente é a porta do prazer,
tão estreita é a porta do amor.
Que eu tenha olhos para ver,
que os perigos eu possa antever,
que eu ande nos passos do Senhor...

Oh, Senhor! me dê sabedoria,
pra escolher o caminho da verdade.
Que eu tenha coragem e valentia
para estar contigo todo dia,
sempre em busca da real felicidade...

A matéria exerce a influência
em toda criatura imperfeita...
Dê-me Senhor a sapiência
e as asas do amor e da ciência
pra que eu entre pela porta estreita.

AURORA DE UMA EXISTÊNCIA

De forma consciente, a criança ainda não aprendeu o que seja a realidade. Porém, de forma consciente, porque a criança possui qualidades que os adultos, precisam reconquistar. As sublimes qualidades dos nossos tempos infantis.

Por exemplo, a criança está sempre alegre sem nenhuma razão aparente, e talvez isso se dê porque a criança está sempre ocupada, sem tempo, portanto, para pensar em tristeza. Quando a criança deseja algo, não desiste até conseguir aquilo que quer. Outra qualidade que a criança possui, é que até mesmo quando chora, mesmo com profundidade, basta uma palavra carinhosa ou até mesmo o aparecimento de um novo desafio, que imediatamente para de chorar ou até mesmo ri em meio às lágrimas. Enfim, a criança sempre age harmoniosamente com Deus, vive em harmonia com a vida.

Já se chegou a cogitar, que a criança seria uma página em branco, onde seria escrito as características da sua futura personalidade, mas isso não é verdade, pois como afirmou com muita sabedoria, Pedro de Camargo, o Vinícius, em O Mestre na Educação: "*A criança não é uma entidade recém--criada, é apenas recém-nascida, fenômeno esse que se consuma em cada uma das vezes que o Espírito imortal reveste a indumentária carnal, permanecendo no plano terreno por tempo incerto, que pode ser mais ou menos dilatado*". Essa afirmativa de Vinícius sintetiza o ensinamento espírita sobre a reencarnação.

Quando o egrégio codificador da doutrina espírita,

Allan Kardec, pergunta aos Espíritos superiores na questão 383 de O Livro dos Espíritos, *qual a utilidade para o Espírito, passar pelo período da infância*, a resposta repleta de sabedoria é: "*Encarnando-se com o fim de se aperfeiçoar, o Espírito é mais acessível, durante esse tempo às impressões que recebe e que podem ajudar no seu adiantamento, para o qual devem contribuir os que estão encarregados de sua educação*". É aí que entra a sublime missão dos pais e cuidadores; podem contribuir muito, ajudando na construção, ou reforma, do caráter ou personalidade daquele Espírito que Deus lhes confiou.

A infância é, portanto, uma etapa linda, maravilhosa, repleta de pureza, doçura e exemplos a serem seguidos. Sabemos que infelizmente estas qualidades se perdem com o tempo, ficaram adormecidas, porém devemos sempre lutar para resgatar esses valores tão importantes a nossa felicidade, nos esforçar ao máximo para despertar a criança que existe em cada um de nós.

Lembremo-nos sempre que o próprio Jesus não esqueceu a importância da infância, mostrando-nos nas crianças as qualidades espirituais e que devemos nos esforçar paras nos assemelhar a elas. Encontramos no evangelho de Marcos no capítulo 10 e versículos de 13 a 16 a seguinte passagem: *Então, lhe trouxeram algumas crianças para que as tocasse, mas os discípulos os repreendiam. Jesus, porém, vendo isto, indignou-se e disse-lhes: Deixai vir a mim os pequeninos, não os embaraceis, porque dos tais é o reino de Deus. Em verdade vos digo: quem não receber o reino de Deus como uma criança, de maneira nenhuma entrará nele. Então, tomando-as nos braços e impondo-lhes as mãos, as abençoava.*

Se o reino de Deus está dentro de cada um de nós, como também já havia nos ensinado o mestre dos mestres, o estado de pureza espiritual que vemos nas crianças é o retrato desse reino (deles é o reino de Deus) que devemos construir dentro de cada um de nós.

Quando Jesus disse: *Venha a mim as criancinhas*, certamente Ele pedia que as conduzíssemos a Ele, naquele tempo e nos tempos atuais através da evangelização infantil. Não nos esqueçamos, jamais, desse pedido do Cristo.

Vibrações de amor para todas as crianças do planeta terra, para que elas cresçam em sabedoria e em amor e que, sobretudo, tenham suas vidas e suas educações embasadas no evangelho do Cristo Jesus, pois incorporando os ensinos transcendentais do mestre da vida, farão do nosso planeta, em futuro próximo, o mundo de regeneração que aguardamos com tanto interesse. QUE ASSIM SEJA!

SER CRIANÇA

Ser criança é nunca ter maldade,
É não guardar ódios nem rancor,
É sentir da vida o esplendor,
É ser fiel no que tange a amizade...

É buscar sempre a felicidade
Como se a hora fosse sempre a derradeira.
É saber que a existência é passageira,
É viver a vida com amor...
A criança sempre esquece a própria dor
Diante de uma nova brincadeira.

Qualquer um pode ser criança
Se não tiver pensamentos deletérios,
Se não levar a vida tão a sério
E ter sempre no olhar a esperança.
Ter em Deus sempre a confiança
E ser capaz de sorrir em meio ao pranto...
Dessa forma, a aura de um santo,
Será sua aura verdadeira.
Ser criança é viver de brincadeira
E todo som ser pra ele um acalanto.

Ser criança enfim, é ter pureza,
E viver os ensinos de Jesus.
Ser criança é fazer brilhar a luz
Da educação e gentileza...

Ser criança é viver com a certeza
Que o próximo é sempre o seu irmão,
E fazer um grande mutirão
Para construir felicidade...
A criança, no mundo, é na verdade,
Da pureza, a mais forte expressão.

A BUSCA DO ESSENCIAL

Alguém, com muita sabedoria falou: "*Se você não sabe para onde quer ir, qualquer caminho serve*". Só nos resta saber para onde qualquer caminho nos levará. Alguns questionamentos sobre a vida poderão nos ajudar a compreender o que nos é essencial, como por exemplo: "*De onde eu vim*?", "*por que existo*?" e "*para onde vou*?". Se pararmos para pensar, a existência precisa ter um sentido e são estes questionamentos filosóficos que separam os sábios dos homens comuns, pois ao encontrarmos as respostas, tornamo-nos pessoas mais sábias.

Não dá para seguir este raciocínio, sem nos lembrar de Sócrates, o filósofo grego que foi um divisor de águas na filosofia, pois a filosofia era vista de uma maneira, antes dele e passou a ser vista de outra maneira após Sócrates... Só os grandes homens chegam a ser divisores de água na missão que abraçam. Os filósofos pré-socráticos, os chamados filósofos físicos, que viveram antes dele, buscavam descobrir através da filosofia, a essência da vida e cada um deles atribuía a algo físico a essência da vida, por isso são chamados "filósofos físicos". Um concluiu que a essência da vida estava no fogo, outro que estava na água, outro no ar, outro na terra, na mudança constante, no indeterminado, na matemática e assim por diante. Então surge Sócrates e fala: "*Não, a essência da vida está dentro do próprio homem*". E estabelece que toda sabedoria, toda a verdade e toda a luz, o homem traz consigo, no seu interior, pois o homem tem o potencial divino.

Na época, a Grécia, era um país politeísta, que acreditava em vários deuses que viviam, segundo eles, no Olimpo. Toda a luz, toda verdade e toda sabedoria, pertencia aos deuses e para os homens só restava a treva, a mentira e a ignorância. Com as ideias que Sócrates defendia, ele rompeu com os deuses numa ideia oposta os conceitos vigentes. Sócrates foi literalmente um gênio e manifestou essa genialidade desde a infância. Era de uma família pobre, seu pai se chamava Sofronisco, era escultor e ganhava a vida esculpindo colunas de concreto nos grandes templos. Sua mãe chamava-se Fainarete e era parteira, mulher que ajudava as outras mulheres a darem a luz e isso influenciou muito na vida de Sócrates.

Em uma oportunidade, Sócrates, ainda criança, assistiu sua mãe exercendo a sua profissão e concluiu filosoficamente: "*Minha mãe não irá criar o bebê, apenas ajudá-lo a nascer e tentar diminuir a dor do parto. Ao mesmo tempo, se ela não tirar o bebê, logo ele irá morrer, e igualmente a mãe morrerá*". Com o passar do tempo ele desenvolveu uma técnica que ajudava as pessoas a descobrirem seus potenciais, ou sua luz interior. A essa técnica ele chamou de "maiêutica", que em grego significa parteira, ou dar a luz. Na sua infância, Sócrates foi discípulo de Anaxágoras e Arquilau e por visitar constantemente o templo de Apolo, ficou sendo conhecido por Pítia, uma das sacerdotisas do templo que assim o definia: "*O mais sábio de todos os homens*".

É por tudo isso e muito mais que não cabe nesse capítulo, que Sócrates aparece como um dos ínclitos Espíritos que formaram a falange do Espírito de Verdade e assinou também, juntamente com os outros da falange, o prolegômenos de Livro dos Espíritos. Sócrates é tão importante para a terceira revelação divina, que Kardec apresenta a doutrina de Sócrates e de Platão como abertura ou introdução do Evangelho Segundo o Espiritismo.

Não é por acaso que a doutrina Espírita defende tanto a reforma íntima, o crescimento espiritual, a busca do deus interior. Porque sabe que criatura só se aproxima do criador com depuração, embora o criador nos envolva a todos com o seu amor. Jesus disse: "*Sois deuses, podeis fazer o que eu faço e muito mais, se quiserdes*", e como Sócrates, algumas vezes Jesus usou da "maiêutica" e as pessoas respondiam para ele o que haviam lhe perguntado.

Em Lucas 10.25-37 encontramos o seguinte diálogo entre Jesus e um doutor da lei mosaica: Então, levantando-se, disse um doutor da lei, para tentá-lo: "*Mestre, o que é preciso fazer para possuir a vida eterna*? – Respondeu-lhe Jesus: "*O que está escrito na lei*? *Que é que lês nela*?"– Ele respondeu: "*Amarás o Senhor te Deus de todo o coração, de toda a tua alma, com todas as forças e de todo o teu Espírito, e ao teu próximo como a ti mesmo*", Jesus então completou: "*Respondeste muito bem; faze isso e viverás*". Mas o homem, querendo parecer que era um justo, pergunta a Jesus: "*Quem é o meu próximo.*" Então Jesus, tomando a palavra, conta a parábola do bom samaritano e após, volta a lhe perguntar: "*Qual dos três homens, que tiveram contato com o ferido, te parece ter sido o próximo dele*?". O doutor da lei respondeu: "*Aquele que usou de misericórdia para com ele*". Então Jesus apenas conclui: "*Então, vai, e faze o mesmo*".

Percebemos nesta passagem, e também em outras, que Jesus, com suas perguntas, extraia das pessoas as respostas que elas próprias buscavam. Ora, Jesus afirmou alhures, que o reino de Deus estava dentro de nós e que era um reino de verdade. E em outra oportunidade nos ensinou que conhecendo a verdade, a verdade nos libertaria. Diante de tudo isso, fica fácil concluir que nós humanos, precisamos nos voltar para dentro de nós próprios, precisamos parar de nos projetar tanto para fora, de viajarmos tantos milhares de quilômetros sempre para fora, e darmos pelo menos um primeiro passo em busca de nós mesmos. Isso pode acontecer com um minucioso e destemido inventário moral de nós mesmos, pois é assim que se inicia a tão decantada reforma íntima. Através da oração, da meditação e da reflexão, podemos melhorar nosso contato consciente com Deus, porque quando oramos, conversamos com Ele e quando meditamos, Ele nos apresenta as respostas.

A BUSCA

Debalde procura o homem
Sondar o que é insondável,
Penetrar o impenetrável.
Descobrir toda a verdade...
Debalde procura o homem
Saber a essência de Deus
Se nem os defeitos seus
Conhece, na realidade.

O homem tem que entender
Que ainda é uma criança,
Que não perde a esperança
De o universo desbravar...
Para o homem não se perder
Nas esquinas da existência,
Precisa ter paciência,
Precisa aprender amar.

Mas a inquietude humana,
É divina e natural,
Pois como ser imortal,
Ele anela progredir...
Quanto mais o homem avança,
A cortina vai se rasgando
E Deus vai se revelando
Conforme o evoluir...

UMA ESTRELA DE CANDURA

Este escriba iniciante pede licença aos amigos leitores, para homenagear através deste capítulo, uma estrela de primeira grandeza, que desceu à Terra para nos ensinar exemplificando, os ensinos de Jesus.

O segundo dia do mês de abril do ano de mil novecentos e dez amanheceu sorrindo em uma pequena cidade de Minas Gerais, Pedro Leopoldo, pois naquele dia encarnava no plano físico um Espírito de escol, mais um enviado do Cristo Jesus, para nos mostrar com o seu exemplo de vida, que é possível vivenciar a boa nova de Jesus. E ele o fez com tanta abnegação e doçura que todos que o conheceram, independentemente de qualquer religião, o elegeram como o maior brasileiro de todos os tempos.

É evidente que estou me referindo a Francisco Cândido Xavier. E como é difícil escrever sobre ele, uma vez que tantos já o fizeram. Por isso, não há necessidade de descrever dados biográficos, pois todos já conhecem sua história de vida. Então, nas linhas deste capítulo, só desejo enaltecer o grande missionário e sua importância para o Espiritismo e o mundo.

Sua importância para o Espiritismo é incomensurável, pois ele com toda a sua dedicação e disciplina, complementou a codificação espírita com sua obra, e com toda sua singeleza e carisma levou o Espiritismo a todo o planeta, pois o Espiritismo só teve a abrangência que teve no mundo, graças ao nosso querido Chico Xavier.

Sua importância para o mundo é a mesma importância que teve cada mensageiro divino que o antecedeu e que cumpriu com sucesso sua missão. Pois Chico foi um desses mensageiros, enviados do Cristo, com missão que transcende a ordem física das coisas. Viveu verdadeiramente todas as virtudes faladas por Jesus no sermão da montanha, quando se referia aos bem aventurados. Agredido, nunca reagiu, antes perdoou. Caluniado, compreendeu o caluniador e orou por ele, em um mundo de tantos conflitos, exemplificou a paz anunciada por Jesus, que o mundo não pode conceber por tratar-se da paz espiritual e vivendo em pobreza, ainda assim, conseguiu ajudar materialmente a todos que necessitavam e que viviam ao seu redor.

Ele foi tão grande que eu não me sinto digno sequer de escrever sobre ele, mas entendo que ele foi o exemplo mais próximo de mim a me mostrar que com disciplina e disposição espiritual podemos seguir os passos do mestre. Eu sei que só Jesus é o modelo moral no qual devemos nos espelhar, pois não há modelo mais perfeito. Porém Jesus, vendo que necessitávamos de companheiros contemporâneos e mais próximos da nossa realidade, mandou-nos Chico Xavier que merece todo o nosso reconhecimento e respeito.

Quem o visitou em Pedro Leopoldo ou Uberaba, sempre relatam sobre o banho de luz que tomaram com a simples aproximação daquele homem-luz, pois sua aura era pura energia benfazeja. A simples presença de Chico trazia um bem e um conforto indescritíveis a todos que dele se aproximaram.

Este escriba que ora escreve, não teve a oportunidade

de conhecer pessoalmente a Chico Xavier, porém somente pela lembrança dele, sente-se envolvido em um bálsamo de energias cândidas... Em certa ocasião, um ano após o desencarne de Chico, em passagem por Uberaba, apenas por lembrar-me dele, senti-me acometido de um sentimento indescritível, de uma sensação de paz e harmonia tão grande, que não consigo encontrar termos para descrever.

Diante do que senti, fico imaginando o que seria estar ao seu lado fisicamente.

Através do nosso Chico Xavier, quantas mães não tiveram a consolação e o conforto ao comprovarem que seus filhos amados continuavam a viver e lhes mandavam notícias do lado de lá... Quantos desacreditados da fé, quantos sofredores e desesperados, não reencontraram a fé perdida, a alegria de viver e a esperança através da mediunidade abençoada desse homem bom que exalava um perfume suave por onde passava e deixava no ar uma atmosfera de luz e muita paz.

Depois de uma longa existência de amor, exercendo a caridade na sua maior expressão, este ícone e maior expoente do Espiritismo despediu-se da terra, naquela encarnação, em um momento de felicidade para os brasileiros, conforme ele mesmo desejou, pois certa feita declarou: "Gostaria de desencarnar em um momento em que o povo brasileiro estivesse feliz e em grande festa".

E assim aconteceu. No dia trinta de Junho do ano de dois mil e dois, o povo brasileiros comemorava mais uma conquista mundial de futebol e nesse clima de festa e muita alegria, aos noventa e dois anos, o nosso Chico se foi... E na certeza da missão cumprida, e muito bem cumprida, ele agora desfruta das bem-aventuranças anunciadas pelo Mestre dos Mestres, nosso Senhor Jesus Cristo.

SIMPLESMENTE CHICO

Foi sempre em dificuldade
Renúncia e abnegação...
Aquele bom coração
Nasceu para a humanidade.
Com exemplos de humildade
Irmanado com Jesus,
Sua vida foi uma cruz
Cravada em solo mineiro...
O Chico foi verdadeiro, foco de amor e luz.

Cultivou benevolência,
Amou sempre a caridade...
Nosso Chico foi modelo
De renúncia e humildade...
Irradiou sua luz,
Devotou-se a Jesus,
O Espírito de Verdade.

Xará do santo de Assis
Abnegado do amor,
Viveu aqui e além
Inspirado no labor...
Exemplo de médium e homem
Resplandeceu e brilhou...

NOSSA REALIDADE

Na coleção "Contos do Alquimista", Paulo Coelho narra uma parábola que introduz bem nosso assunto para reflexão: ORGULHO E HUMILDADE. Assim consta na parábola:

Quando D. Henrique morreu, foi direto para o céu. Bateu com força na porta e uma voz, vinda de dentro, perguntou:

- Quem é?

- Sou Dom Henrique Fernandez de Valdivieso – respondeu orgulhoso.

- Pois vá embora, aqui não tem lugar para dois – disse a voz.

E D. Henrique foi mandado para o purgatório. Tempos depois, mais tímido, voltou ao céu. Bateu novamente e ouviu outra vez a voz:

- Quem é?

- Sou eu, Henrique.

- Pois vá embora, aqui não tem lugar para dois – repetiu a voz.

D. Henrique voltou para o purgatório. Um dia, D. Henrique tornou a bater na porta do céu.

- Quem é? – perguntou outra vez a voz.

- Sou uma pequena parte de Deus – foi a resposta.

- Então pode entrar, porque somos a mesma criatura.

E a porta do céu se abriu.

Este pequeno conto serve para nos alertar a respeito do desenvolvimento da humildade que devemos nos empenhar em operar em nós mesmos.

O único céu verdadeiro é o reino de Deus dentro de cada um de nós, como nos ensinou Jesus. Deus é nosso pai criador, nós somos seus filhos, criaturas de Deus como nos elucidam os Espíritos superiores na resposta da pergunta 77 de O Livro dos Espíritos. Na resposta da pergunta número um vimos que Deus é a inteligência suprema do universo, causa primária de todas as coisas e a questão 23 nos revela que Espírito é o principio inteligente do universo, portanto, toda inteligência emana de Deus. Assim fica fácil entender nossa filiação com a Divindade.

Porém, ao chegarmos ao reino hominal, e aí considerados Espíritos, com E maiúsculo, chegamos simples, no sentido de moralidade e ignorantes, no sentido de conhecimento. Não poderia ser de outra forma, senão Deus não seria a inteligência suprema, porquanto nosso progresso moral e intelectual dependerá unicamente de nós, e então teremos todos os méritos, aí está a justiça.

Deus nos dotou de instintos, por uma questão óbvia: sem eles, não seríamos seres humanos completos e o homem só, cai, quando faz de si mesmo um campo de batalha para os instintos, sem saber domá-los, eles se deturpam e transformam-se em defeitos. Domados eles nos são úteis e podem se transformar em virtudes. Não é o caso aqui, neste capítulo, falarmos de outros instintos, senão o instinto do amor próprio que é onde o amor de Deus começa em nós, para a partir daí, irradiar-se pelo universo. Se detivermos esse amor próprio em nós e não o deixarmos se expandir, ele se transforma em orgulho que é o amor próprio exacerbado em nós mesmos, amor próprio em demasia.

Portanto, grande parte da humanidade está enferma espiritualmente e aqueles que reconhecem esta enfermidade, vêem a necessidade de combater o orgulho em si mesmo para que dele surja a humildade, que está como que engarrafada no orgulho. À medida que formos desintegrando o orgulho, vai naturalmente surgindo a humildade no seu lugar. Parece uma tarefa fácil, mas não é, pois se trata de combater algo que desenvolvemos durante milênios de vida Espiritual. Por isso Jesus começou o Sermão da Montanha exatamente com esta bem aventurança: "Bem aventurado os humildes de Espírito, porque deles é o reino dos céus". Vemos aí, portanto, uma importante condição para sermos bem aventurados ou felizes: desenvolvermos humildade em nós, pois humildade é uma virtude divina. Até porque, se pararmos para pensar, o orgulho é uma grande bobagem, fruto de uma visão restrita ao campo físico, uma visão limitada a uma única existência. E até mesmo se assim pensarmos, veremos que tudo o que nos é material se acaba na morte do corpo físico, só o que nos é espiritual não morre, permanece para sempre. Somos nivelados ao nascermos, pois nascemos da mesma forma e nivelados ao desencarnarmos, pois o túmulo é o destino de todos os corpos físicos.

Concluímos com este pensamento, que o orgulho é bobagem até mesmo para os materialistas. Se refletirem, verão que este vício moral, como todos os outros, não fazem o menor sentido.

Tudo isso me faz lembrar uma lenda antiga que narra o seguinte:

Um rei muito orgulhoso passeava com alguns de seus soldados, pelos campos de Aragon, lugar que no passado havia sido palco de uma grande guerra, onde seu pai fora abatido. Ao passar pelo local, encontrou um homem santo que distraído, mexia em alguns ossos. O orgulhoso rei o repreendeu:

- Como ousas não erguer a cabeça e reverenciar o teu rei, quando este passa?

Aquele santo homem assim falou:

- Perdão majestade. Quando eu soube que aqui virias, quis eu te presentear com os ossos do teu querido pai, mas não os consigo identificar, porquanto são exatamente iguais aos ossos dos plebeus e dos escravos...

Conta-se que aquele orgulhoso rei entendeu a mensagem, pois abaixou a cabeça e seguiu em frente... Cabisbaixo.

ORGULHO E HUMILDADE

Orgulho é autoestima em demasia.
Amor próprio é instinto equilibrado.
O orgulhoso vive da egolatria
e está sempre descentralizado...

Humildade é um estado de Espírito,
é amor próprio conscientizado.
É talvez o único requisito
pra se estar espiritualizado.

O orgulhoso morre a cada dia
por estar em caminho equivocado...
Está longe da verdadeira alegria,
vive triste, só, e mal amado.

O humilde renasce a casa dia
cada vez mais feliz e renovado.
Compartilha com todos, empatia,
e pra o futuro está sempre preparado.

Cada um de nós tem a missão
de cultivar conduta de cristão
e buscar cada vez mais a humildade...
O orgulho nos puxa para o chão,
humildade quer dizer elevação
e caminho pra felicidade.

O NOME DO AMOR

Conta-se que uma criança pronta para nascer, perguntou a Deus:

- Dizem-me que estarei sendo enviada à terra amanhã... Como eu vou viver lá, sendo assim pequena e indefesa?

E Deus disse:

- Entre muitos anjos, eu escolhi um especial para você. Estará lhe esperando e tomará conta de você.

- Mas diga-me: aqui no céu eu não faço nada a não ser cantar e sorrir, o que é suficiente para eu ser feliz aqui. Serei feliz lá?

- Seu anjo cantará e sorrirá para você... A cada dia, a cada instante, você sentirá o amor do seu anjo e será feliz.

- Como poderei entender quando falarem comigo, se eu não conheço a língua que as pessoas falam? E quando eu quiser falar contigo?

- Com muita paciência e carinho, seu anjo vai ensinar-lhe a falar. Vai também lhe ensinar a rezar e assim, falar Comigo.

- Eu vi que na terra também há homens maus. Quem me protegerá?

- Seu anjo lhe defenderá, mesmo que isso signifique arriscar sua própria vida.

- Mas eu seria sempre triste porque eu não te verei

mais...

- Seu anjo sempre lhe falará sobre mim, lhe ensinará a maneira de vir a Mim e Eu estarei sempre dentro de você...

Naquele momento havia muita paz no céu, mas as vozes na terra já podiam ser ouvidas. A criança apressada pediu suavemente:

- Oh! Deus! Eu estou indo agora. Diga-me, por favor, o nome do meu anjo...

E Deus respondeu:

- Você chamará seu anjo de... MÃE!

Esse lindo diálogo, embora fictício, traduz uma verdade... A maior expressão de amor que conhecemos na terra é o amor de uma mãe devotada. O amor de mãe é o modelo de amor mais significativo que conhecemos na terra. A palavra mãe, portanto, é sinônimo da palavra amor e todos nós, enquanto filhos, deveríamos reconhecer essa verdade, para podermos retribuir a contento todas essas energias balsâmicas do amor maternal.

Se analisarmos a própria natalidade, esse momento sublime em que o Espírito mergulha na carne para experiências transcendentais e que sem o concurso da mãe, sem o aconchego de suas entranhas isso seria impossível, já é o bastante para sermos eternamente gratos a ela que é o verdadeiro portal da vida.

Difícil é encontrar as palavras certas para homenagear esse anjo tutelar que Deus colocou no nosso caminho para nos proteger e amar, porquanto os vocábulos que conhecemos não traduzem nosso verdadeiro sentimento para com todas as mães da terra. A palavra mãe deveria ser escrita com tinta indelével, no escrínio de cada coração de todos os filhos, para que todos nós jamais esqueçamos o seu valor e nossa dívida moral para com ela.

É muito triste de ver muitas vezes a ingratidão que alguns filhos têm. E quando essa ingratidão existe, como a mãe sofre. E mesmo assim ama incondicionalmente, por isso possui o modelo de amor mais lindo que conhecemos na terra.

Muitas vezes, no arroubo da juventude, esquecemo-nos de dedicarmos um pouco do nosso tempo para reverenciá-la e reconhecermos o seu valor, e quando o tempo passa, arrependemo-nos do descaso, às vezes inconsciente que tivermos com relação a nossa mãe... Algumas filhas, por exemplo, só saberão de verdade o que significa a palavra mãe, quando tiveram seus próprios filhos.

A missão de ser mãe é uma das maiores missões que existem, pois é ela que nos ensina a dar os primeiros passos, tanto físico como moral. É ela que nos passa os primeiros ensinamentos morais e nos direciona no caminho reto, no caminho do bem. Nas noites maldormidas, na dedicação em tempo integral sem esperar receber nada em troca, a mãe dedicada cumpre o seu papel com renúncia e muito amor... E é por isso que ela sempre receberá a recompensa; dos filhos gratos e reconhecidos e também de Deus, que sempre reconhece uma missão bem cumprida.

Existe uma passagem, que é bastante conhecida na literatura espírita, de uma mãe, que havendo desencarnado em santidade, foi conduzida a uma região espiritual de paz e felicidade e foi recebida carinhosamente pela entidade espiritual, responsável por aquela colônia. Pelo tanto que lutara em vida, com nobreza e abnegação, colocaram-na em lugar aprazível, florido, cheio de encanto, musicalidade e conforto, cercado de almas angélicas, solícitas em servi-la. Ela, no entanto, se revelou inquieta e logo mostrou a razão, perguntando ansiosa: "Onde mora o meu filho Dindinho, que desencarnou bem antes do que eu?" O guia espiritual esclareceu-a que ele estava nas zonas purgatoriais. "Então – disse a mãe – me perdoem. Não posso ficar aqui enquanto ele está lá. Vou-me embora para ajudá-lo. Coitado do Dindinho, ele deve estar precisando de mim".

Que energias de amor intenso envolvam todas essas heroínas que vieram a Terra somente para amar, muitas vezes em detrimento de si mesmas. Que todas, indistintamente, possam ser felizes, que luzes divinas iluminem sempre seus caminhos e que Deus as abençoe eternamente.

AMOR MATERNO

Foi no plano espiritual
Que rogamos a chance de voltar
Para aprender o dom de amar
Através do carinho maternal...
E Deus, nosso pai celestial,
Para a Terra, outra vez nos enviou,
E um ventre de mãe nos abrigou
Protegendo-nos de forma sem igual...

Mamãe, para mim és divinal
Porque és expressão do puro amor...
E na inocência de um ser frágil e carente
Chagamos à Terra, nosso lar,
E nossa mãe, nosso anjo tutelar,
Amou-nos de um jeito envolvente.
Desse amor ficamos dependentes...
Ela, às vezes, por nós se anulou,
Sempre foi a guerreira que lutou
Pra nos proteger de todo o mal...
Mamãe, para mim és divinal,
Porque és expressão do puro amor.

Pelos filhos a mãe dá a própria vida.
Só é feliz se sentir que os filhos são.
E nem sempre ela vê a gratidão...
Muitas vezes até é esquecida,
Mesmo assim, numa prece comovida,
Abençoa os filhos com ardor...
E assim, esquecendo a própria dor,
Segue em frente, esse ser angelical.
Mamãe, para mim és divinal,
Porque és expressão do puro amor.

MÃE TERRA

Em *O Pequeno Príncipe*, Antoine de Saint-Exupéry narra a história de um lindo principezinho, uma criança extraordinária que visita alguns planetas. E o que muda em cada planeta visitado é a característica de seu habitante (sim, cada planeta é habitado por uma única pessoa). É uma história fictícia que traduz grandes ensinamentos, pois sabemos que o universo é a casa do pai que Jesus se referiu no evangelho de João, no capítulo 14, e as moradas são os incontáveis planetas. Cada planeta tem as suas características, características estas impostas pelos Espíritos que habitam em cada um deles.

Os Espíritos independem da matéria para viver, todavia se utilizam dela para evoluírem e se desenvolverem, e os planetas acolhem os Espíritos compatíveis com a sua natureza. Isso não significa que em cada planeta exista apenas uma classe de Espíritos. Não, a maioria, é claro, está mais ou menos no mesmo nível evolutivo, porém Deus permite que Espíritos de classes e até ordens superiores reencarnem em planetas cuja população necessita de seus ensinamentos, são os chamados Espíritos missionários que nos ajudam em nosso progresso moral. Isso é muito comum em toda a casa do Pai, o Universo.

A Terra é a nossa morada bendita, é o planeta que nos acolhe desde tempos imemoráveis. A grande maioria de nós, somos realmente filhos da mãe terra, no que tange o corpo físico e perispiritual, saídos dos elementos do planeta, enquanto o Espíritos saímos de Deus nosso Pai Maior, (Eclesiastes

12.7 "O corpo volve a terra que o deu, e o Espírito volve a Deus. Que o deu).

No universo tudo evolui, porque o progresso é uma das leis divinas; o Espírito evolui moralmente e a matéria, com suas transformações, paulatinamente vai se melhorando. A Terra como já se sabe, já foi um planeta de ordem primitiva, compatível na época, com a nossa condição moral e intelectual. Com a nossa evolução, consequentemente ajudamos na evolução do planeta e hoje, a Terra é o resultado do que fizemos com ela. Hoje, um pouco mais melhorados, porém ainda muito distantes da espiritualização maior, necessitamos ainda de muitas provas para vencermos e muitas expiações para depurarmo-nos.

Esta é a característica da nossa bendita morada, a Terra: Provas e expiações. Apesar de estarmos mais próximos da animalidade do que da angelitude, agradecemos a Deus pelas oportunidades de crescimento que tem nos proporcionado através da Terra. Mesmo não sendo ainda uma morada para Espíritos felizes totalmente, não é mais uma morada primitiva, onde os recursos eram parcos e a sobrevivência era muito mais difícil.

Quando estamos muito enfermos espiritualmente, a Terra atua como um hospital onde expiamos nossos erros do passado através de alguns sofrimentos providenciais. Quando estamos com a consciência desperta para o crescimento, anelamos passar por algumas provas e aí a Terra atua como uma escola. A sabedoria de Deus é perfeita, como perfeitos são todos os Seus atributos.

Em Mateus, no capítulo 5 versículo cinco, Jesus afirma que os mansos serão felizes, ou bem aventurados, porque herdarão a Terra. Haverá mudanças, a Terra passa por um tempo de transição. Ela evolui na escala dos mundos e precisaremos estar compatíveis com sua evolução para merecermos permanecer nela. Como terráqueos que somos, amamos a nossa querida Terra e nela desejamos permanecer, fazer jus a sua condição. Para isto, precisamos fazer muito bem a nossa lição de casa para "passarmos de ano" e continuarmos nesta maravilhosa escola que passará para um nível superior.

PLANETA ESCOLA

Na infinita escala evolutiva,
Tudo muda, avança e se transforma.
Está tudo inserido em leis e normas...
Leis corretas, perfeitas, imutáveis,
Que Deus, pai de grandezas inegáveis,
Estabeleceu de forma muito igual...
Tudo é lei divina e natural
Onde justiça de Deus nela se encerra,
Dessa forma eu vejo a nossa Terra
Como um misto de escola e hospital.

Nossa Terra já foi primitiva
Na infância de sua evolução...
Hoje é casa de prova e expiação
Entre todas as moradas do senhor.
Será um dia habitat de mais amor,
Pois tudo no cosmo se evola.
É esta a certeza que consola
E nos faz viver com esperança
De um futuro planetário de bonança
Para nossa Terra, nossa escola.

Porém tudo dependerá de nós,
Pois também estamos no processo.
Somos parte integrante do Universo,
Inteligências em desenvolvimento.
Nosso nível evolutivo no momento
É o que nos faz viver expiação...
Felicidade é a combinação
De amor, caridade e altruísmo.
Precisamos vencer o egoísmo,
Erradicá-lo do nosso coração.

ROSA MÍSTICA DE NAZARÉ

Chico Xavier certo dia falou: "Na reencarnação, o Espírito nunca erra de endereço". Grande verdade ele falou, pois não existe acaso, principalmente quando se trata de algo tão importante para o Espírito. Tudo está ligado. Na programação reencarnatória tudo fica definido, e se para um Espírito comum tudo funciona desta forma, para um Espírito da elevação de Jesus os cuidados foram dobrados, afinal de contas tratava-se do nosso governador espiritual planetário, Espírito puro por excelência. Não seria qualquer mulher, teria que ser uma mulher especial, de uma elevação espiritual compatível com a grande responsabilidade e Maria foi o vaso escolhido...

Morava em Jerusalém, fora dos muros, um casal já idoso pertencente à ramagem de Davi, porquanto ele, Joaquim, sacerdote pertencente à tribo de Levi e sua esposa, Ana, pertencente à tribo de Judá. A idade do casal já era avançada quando nasceu uma filha. Era ainda uma menina quando seus pais desencarnaram e a menina foi internada no templo para ser consagrada a Deus, por pertencer às raízes de Davi, e ela passou a fazer parte do grupo das "virgens de Sião", era um coral que cantava nas grandes festividades do templo. Seu nome era Myriam, nome que significa beleza, poder e iluminação.

Em uma linda tarde de verão, encontrava-se Myriam ou Maria, jovem adolescente, orando em uma das dependências do templo quando teve uma visão mediúnica maravilhosa... Um anjo do Senhor lhe apareceu e lhe falou:

“Alegra-te, muito favorecida! O Senhor é contigo” (Lucas 1:28). Ela ficou muito perturbada com aquela visão e o anjo lhe revelou que ela fora a escolhida para conceber e dar à luz a um filho que seria chamado Filho do Altíssimo, Ele se chamaria Jesus e reinaria para sempre na Terra. Maria ficou muito pensativa.... Como isto seria possível se era solteira e ficaria assim durante toda a existência, internada no templo? Porém, aquiesceu ao chamado divino e falou: “Eis aqui a serva do Senhor; que se cumpra em mim segundo a Tua palavra” (Lucas 1:38).

Maria não comentou com ninguém a respeito da visão, porém compreendeu tudo quando dias depois, eis que bate à porta do templo um homem chamado Joseph, carpinteiro residente em Nazareth, que, fazendo uso de uma prerrogativa por descender a linhagem de Davi, pediu que lhe fosse designado uma esposa, pois havia ficado viúvo de sua esposa Deborah, filha de Alfeu e tinha cinco filhos pequenos. A escolha da esposa era feita por sorteio e Maria foi a sorteada, foi então que ela compreendeu a visão que tivera.

E Maria foi a mãe do nosso Salvador, viu Jesus dar os primeiros passos, pronunciar as primeiras palavras e o amou com o amor que só as mães devotadas possuem. Ao visitar sua prima Isabel, que estava grávida de João Batista e que mediunizada reverenciou Maria de forma memorável (Lucas 1:42-45). Maria então proferiu o seguinte cântico: “A minha alma engrandece ao Senhor, e o meu espírito se alegrou em Deus meu Salvador, porque contemplou na humildade da sua serva. Pois, desde agora, todas as gerações me considerarão bem-aventurada, porque o Poderoso me fez grandes coisas. Santo é o Seu nome. A Sua misericórdia vai de geração em geração sobre os que O amam...” (Lucas 1:46-50).

Maria sabia do sofrimento que teria que passar, pois ao apresentar Jesus no templo, onde todo primogênito seria consagrado, Simeão, um homem justo e piedoso e também um grande sábio, já de idade muito avançada, ao pegar Jesus no colo jubilou-se: “Agora Senhor, podes despedir em paz o teu servo, segundo a Tua palavra, porque os meus olhos já viram a tua salvação...” (Lucas 2:29,30). E olhando para Maria: “Também uma espada transpassará a tua alma, para que se manifestem os pensamentos de muitos corações” (Lucas 2:35).

E aquela mulher incomparável criou Jesus sabendo que Ele não era apenas seu filho, mas o redentor da humanidade. Estava preparada para receber a espada que a transpassaria, suportaria tudo por amor. E quando Jesus voltou para o Pai, Maria continuou amando a humanidade como seu filho amou e adotou a todos nós como seus filhos. Mudou-se para Éfeso com João, o discípulo amado (ambos atendendo ao pedido de Jesus ainda na cruz): “Mulher, eis aí o teu filho” e depois disse ao discípulo: “Eis aí a tua mãe” (João 19:26-27).

E viveu Maria em Éfeso amando a humanidade ao seu redor, amparando os caídos, acolhendo os peregrinos enfermos e cuidando de todos que necessitavam do seu amor, sua casa era conhecida como “a casa da santíssima”. Viveu assim até o seu desencarne, quando Jesus veio buscá-la com as seguintes palavras, segundo Humberto de Campos, por Chico Xavier, em o livro Boa Nova: “Sim, minha mãe, sou eu!... Venho buscar-te, pois meu pai quer que sejas no meu reino a rainha dos anjos"...

Humberto de Campos termina seu maravilhoso livro se referindo a Maria como "A Rosa Mística de Nazaré". Que a nossa mãe santíssima Maria, mãe de Jesus, nos abençoe hoje e sempre.

ACRÓSTICO DE MARIA

Mãe de Jesus, o nosso Cristo,
Alma reluzente que brilhou...
Rosto angélico de rara beleza;
Irradiação de bondade e de pureza;
Arquétipo do mais sublime amor...

Deus a ela confiou sacro dever...
Escolhida ela foi, por merecer.

No seu ventre pulsou a luz do amor
A verdade nasceu pra nos amar...
Zelosa mãe de toda humanidade,
A ti eu vou sempre louvar...
Rogai por nós, oh mãe querida,
És estrela.... Vem nos iluminar!

NATAL DO CRISTO

Escreverei ao meu modo, uma história atribuída a Paul H. Dunn, que conta que em uma região muito fria e de fortes tempestades de neve, principalmente na época do natal, vivia um homem chamado Mogo, que não obstante ser um homem muito bom, não acreditava no espírito do natal. Considerava uma lenda a crença de que Deus se fez homem e encarnou entre nós. Além do mais, dizia ele, o natal é uma época muito triste e nostálgica onde todos se entristecem se perderam naquele ano algum ente querido. "Deus descer àTerra somente para consolar os homens? Pura lenda". Ele externava esse pensamento a todos que o conheciam.

Como sempre, na véspera do natal, sua esposa que acreditava no natal do Cristo, arrumava as crianças e como de costume, o convidava para irem juntos à missa do galo e ele sempre se negava, argumentando:

-Seria hipocrisia de minha parte acompanhá-los. Todos sabem o que eu penso sobre o natal. Vão vocês, ficarei aqui lendo meu jornal e aguardando seu retorno.

A esposa se foi com as crianças e Mogo acendeu a lareira, sentou-se na sua cadeira preferida e se dispôs a ler o jornal do dia. Entretanto, logo foi surpreendido por uma batida na janela de vidro, seguida de outra e mais outra.

Achando que era alguém jogando bolas de neve em sua vidraça, Mogo se levanta, veste seu casaco e sai, na esperança de dar um susto no intruso.

Ao sair, Mogo descobre que não é ninguém com brincadeiras, trata-se de alguns pássaros que, procurando se abrigar da nevasca, voam em direção à janela iluminada e chocam-se contra o vidro, caindo na neve. Estão com as asas e pernas quebradas, não podem voar e nem andar até que estejam curados.

"Não posso deixar estas criaturas de Deus a morrerem no gelo",pensou Mogo. "Como ajudá-los"?

Mogo abriu a porta da garagem e acendeu as luzes, mas eles não se mexeram. Foi até a cozinha e pegando um pão, fez uma trilha de pedaços de pão, dos pássaros até o interior da garagem, mas eles não se moveram. "Eles estão com medo", pensou Mogo. Batendo palmas levemente, tentou tangê-los carinhosamente e nada. Empurrou-os delicadamente e eles gritavam e esperneavam cada vez mais. Mogo já não sabia mais o que fazer.

-Vocês devem estar me achando uma criatura aterradora – disse, em voz alta. – Será que não entendem que podem confiar em mim?

Desesperado gritou:

- Se eu pudesse nesse momento, me transformar em pássaro, só por alguns minutos, vocês veriam que eu estou realmente querendo salvá-los!

Nesse momento, o sino da igreja tocou, anunciando a meia noite. Um dos pássaros se transformou em anjo e perguntou a Mogo:

- Agora você entende porque Deus precisou se transformar em homem?

Com os olhos cheios de lágrimas, Mogo caiu genuflexo na neve e respondeu:

- Perdoe-me anjo. Agora eu entendo porque Deus se fez homem. É que só podemos confiar em quem se parece conosco e passam pelas mesmas coisas pelas quais nós passamos...

Conta a lenda, que a partir daquele dia, Mogo passou a acreditar no espírito do natal.

Não é de se estranhar que algumas doutrinas religiosas considerem Jesus como sendo o próprio Deus. Isso se dá, devido à grandeza espiritual do Cristo. A distância que nos separa, do ponto de vista espiritual é muito grande, é incomensurável. Escreve o Espírito Emmanuel, pelas mãos dadivosas de Chico Xavier, no livro A Caminho da Luz, que Espíritos puros, ministros de Deus, reuniram-se em torno da Terra, apenas duas vezes em toda a história do planeta; a primeira, quando a Terra passava pelo processo de resfriamento depois do seu desprendimento da nebulosa solar e a segunda vez quando do advento do Cristo, antes dele encarnar na Terra. Na primeira reunião, Ele foi designado Governador Espiritual da Terra, e está conosco desde então.

Diante disto, compreendemos porque muita gente o considera o próprio Deus, embora equivocadamente, porquanto ele próprio disse em muitas oportunidades que Ele e o Pai eram seres distintos: "Por que me chamas bom? Ninguém é bom senão um, que é Deus", Marcos 10:18. "A palavra que estais ouvindo não é minha, mas do Pai que me enviou", João 14:24. Ao orar no Getsêmani disse Jesus: "Meu Pai, se possível, afaste de mim este cálice! Todavia, não seja como eu quero, e sim como Tu queres", (Mat., 26.39). E ainda em Lucas 23:46 "Pai, em Tuas mãos entrego o meu Espírito". Em muitas passagens bíblicas, Jesus afirmou não ser Deus, porém sua elevação espiritual é tamanha que muitos pensam ser ele Deus.

Em um ato supremo de amor, Jesus tomou um corpo físico e encarnou entre nós para nos mostrar o caminho da felicidade suprema. Foi até agora, o único Espírito puro a encarnar na Terra e a sua vinda foi profetizada por vários profetas da antiguidade e tudo se cumpriu perfeitamente. Seu natal ou nascimento tornou-se o acontecimento maior da história da Terra, ao ponto de se dividir o calendário para antes e depois de Cristo.

A manjedoura, símbolo da verdadeira humildade e lugar de alimentação para a vida foi o seu berço natal... Que nossos corações adquiram características da manjedoura, para que Ele possa nascer em nós. Esse deveria ser o espírito do verdadeiro natal: O Cristo nascendo em cada um de nós... Que comemoremos, sim, o Seu nascimento histórico, muito embora não se saiba a data correta, contudo, não esqueçamos jamais do aniversariante: JESUS.

PAZ NA TERRA.

Quando chega o natal do Redentor

Todos os corações se enternecem...

Paira um clima de paz e de amor,

Não existe espaço pra rancor
E os jardins dos sentimentos se florescem...

Dois mil anos passaram lentamente
Mas a estrela que nasceu lá em Belém
Cada dia brilha mais intensamente...
Porque a doutrina do Cristo é a semente
Que germina e nos faz um eterno bem.

A luz do natal é de candura
Pois é luz de Espírito e de Verdade...
E os anjos enunciam às criaturas:
"Gloria a Deus na mais alta das alturas,
E paz na Terra a todos de boa vontade...".

FELIZ ANO TODO

Existe uma interessante fábula chinesa que narra que certa madrugada, em uma fazenda muito bonita, Vicente, o pescador, levanta-se para mais um dia de pescaria. O Sol ainda não deu a graça de sua presença naquele dia, que pelo clima, prometia ser lindo. Preguiçosamente Vivente levanta-se sonolento e mecanicamente, como faz todas as madrugadas, após tomar preguiçosamente seu café matinal, pega sua rede e acessórios de pesca e se dirige pera o rio localizado a frente de sua casa. Havia o perfume do campo por toda a parte, as aves voavam alegres a cantar, parecendo crianças arteiras na hora do recreio.

Todo esse espetáculo radioso da mãe natureza passava despercebido a Vicente, que só resmungava a reclamar da rotina em que vivia, segundo ele, insuportável. Vicente, após armar sua rede de pesca, senta-se às margens do rio para esperar o momento ideal de recolher a rede. Ainda está sonolento. Nesse cenário, sempre a reclamar da vida, Vicente vê próximo a água, uma sacolinha com algumas pedras no seu interior. Vicente a pega e passa a jogar uma a uma no meio do rio, divertindo-se com as ondulações que se formavam na superfície das águas...

O Astro Rei da o sinal de sua presença, com toda sua Majestade, rasgando com a sua luz a escuridão da madrugada. Agora tudo vai se iluminar com a sua luz e calor, o sol chega aquecendo os corações.

Vivente, ao pegar a última pedra para jogar ao rio,

percebe que ela cintilava aos raios do sol. Examinando bem, verifica que se trata de um rico diamante, explodindo claridade e beleza.

Levantou-se depressa, sacudindo a sacolinha, agora vazia, gritando, esbravejando, acusando todas as pessoas e situações por sua desgraça. Acaba de perder um grande tesouro e sentia-se infeliz e amargurado... Infeliz, nem se deu conta de que ainda possuía nas mãos a derradeira pedra preciosa...

Embora seja esta narrativa uma fábula, algo semelhante ocorre com quase todos nós que estamos presos na mecânica do tampo. Muitas vezes, ou quase sempre jogamos fora a preciosidade do dia, por não aproveitar o tempo que o dia nos proporciona e muitas vezes, como Vicente, sentimo-nos infelizes quando percebemos que jogamos fora tanto tempo precioso e nos esquecemos de que ainda temos nas mãos a pedra que mais importa no momento, que é o dia atual. Oitenta e seis mil e quatrocentos segundos nos são creditados todos os dias, durante nossa existência. São valores que zeram no final de cada jornada e são renovados instantaneamente. Aqueles segundos que não utilizarmos bem, ficarão perdidos para sempre e os bem aproveitados, ficarão conosco, também para sempre, como aprendizado, enriquecendo o nosso Espírito.

É muito comum pensarmos no ano que termina como um ano velho e imaginarmos o ano que se aproxima como ano novo e pensarmos na passagem de um para o outro como um marco em nossas vidas. Na passagem do ano, tudo zera em nossas vidas e somos seres novos a partir de então. É mesmo? Pensemos: alguma vez mudou substancialmente alguma coisa? Não, claro que não. O tempo é sempre o mesmo, somos exatamente os mesmos, não nos enganemos. Porém cada segundo de nossas vidas é uma nova perspectiva que se apresenta e devemos vivê-lo plenamente. Vivendo bem o nosso presente, o nosso futuro estará garantido. Viver é aproveitar cada segundo, pois este, nunca mais se repetirá...

Jesus, nosso meigo Rabi da Galileia, já nos alertava quanto a essa realidade no Sermão da Montanha no capítulo seis, versículo 34 "Não vos inquieteis com o dia de amanhã, pois o amanhã trará os seus cuidados: basta a cada dia o seu próprio mal". Basta a cada dia o seu próprio mal, significa que devemos viver plenamente cada dia, aproveitando os créditos de tempo que Deus nos proporciona. Certo dia, perguntaram a alguém de sabedoria: "O que é viver?" ao que ele respondeu: "Viver é aquilo que está acontecendo enquanto fazemos planos para o futuro". Claro que se pode pensar no futuro e até fazer planos. Isso faz parte da vida. Mas não nos esquecemos: Até para fazer planos e pensar no futuro, isto se faz no presente, conscientes do momento em que vivemos. O nosso grande mal não é pensar no futuro, é viver o futuro como se fosse o presente e isto nos torna ansiosos...

Lembrar-se do passado, com os pés no presente faz parte de nossas memórias, porém reviver o passado nos torna seres nostálgicos e às vezes depressivos. Temos, portanto, o dia de hoje para combatermos o bom combate. Só existem dois dias no ano com os quais nunca deveríamos nos ocupar, ou preocupar: O ontem e o amanhã, porquanto se trata de duas eternidades que ao colocarmos sobre os ombros, sucumbiremos com o seu peso. O ontem não mais existe já se foi e não volta mais. O amanhã está por vir, mas obedecerá ao tempo certo, nem todo o ouro do mundo tem o poder de trazê-lo para o momento presente. O passado é só lembrança e o futuro é só esperança... Portanto hoje é o primeiro dia do resto de nossas vidas. Pensemos nisto.

NOSSA LUZ INTERIOR

O que passou, passou, não voltará;
Um novo ano vai acontecer,
Muitas vezes o sol irá nascer
E seus raios vão nos iluminar...
Esperanças vão se renovar
Porque sempre o futuro é promissor.
Que possamos exercitar o amor
Praticando os ensinos de Jesus,
Para fazermos brilhar a nossa luz
E que o mundo glorifique o Criador.

Que a nossa luz fique sempre acima
Como as velas sobre o velador...
Que os nossos raios de amor
Possam mudar ao redor, o clima.
Pois é isto que o mestre nos ensina

Em seu evangelho de amor.
Se amarmos, o nosso interior,
Brilhará como jóia que reluz...
Então, que brilhe a nossa luz,
E que todos possam ver o esplendor...

Se eu só ceifo o que eu semear,
Vou somente semear felicidade...
Plantar sementes de amizade,
De amor, de sorriso e bem estar.
O universo fará tudo retornar
Na lei de ação e reação...
Que possamos vive como irmãos,
Cujo Pai é Deus o Criador,
E o mundo verá o esplendor
Na luz de cada coração...

ENLACE MATRIMONIAL

Escreverei a meu modo, uma história criada por W. Goodwin, que conta o seguinte acontecimento: Um pintor já muito famoso por conta das lindas telas que havia pintado até então, se achava insatisfeito, porquanto não havia pintado a "Sua Tela", aquela que segundo ele, ficaria na história para que ele fosse lembrado na posteridade por conta daquela tela, que seria a verdadeira expressão de sua arte. Ele desejava pintar "A Coisa Mais Bela do Mundo".

Saiu caminhando por uma estrada poeirenta em busca de inspiração. Encontrou um velho padre e resolveu lhe perguntar qual seria a coisa mais bela do mundo, segundo sua opinião. Ao que o padre respondeu:

- A coisa mais bela do mundo é a fé. Sem fé nada tem sentido...

O artista continuou sua caminhada se perguntando como poderia pintar uma tela que retratasse a fé...

Mais a frente, encontrou uma jovem noiva e fez-lhe a mesma pergunta e ela respondeu:

- Ah... A coisa mais bela do mundo é o amor. Sem ele não existe a beleza.

Mais confuso ainda, o artista ficou. Como retratar em uma tela a fé e o amor? – pensava ele.

Já prestes a voltar, encontrou um soldado veterano de guerra, e resolveu lhe questionar a respeito do assunto e o soldado respondeu triste e pensativo:

- A coisa mais bela do mundo é a paz e a mais feia é a guerra... Onda há paz existe igualmente a beleza.

Fé, Amor e Paz. Como poderei pintá-los? – Nenhuma ideia surgia e abanando tristemente a cabeça, resolveu voltar, desanimado para sua casa.

Mas ao transpor o limiar de sua residência, ele encontrou a coisa mais bela do mundo: No olhar dos seus filhos, viu a fé. No sorriso da esposa, brilhava o amor. E ali, no seu lar, havia a paz da qual se referia o velho soldado...

O artista então conseguiu pintar "A Coisa Mais Bela do Mundo". E ao terminar a tela, a batizou de LAR.

Qualquer pessoa sabe a diferença entre casa e lar. A casa é o prédio onde se abriga a família e o lar é o ambiente amoroso e aconchegante da relação saudável e amiga dos integrantes da família. E é no casamento entre o homem e a mulher que se amam e se respeitam onde tudo começa. Encontramos nas escrituras sagradas o pensamento divino no livro da Gênesis 2-18, "Não é bom que o homem esteja só: Far-lhe-ei uma auxiliadora que lhe seja idônea". E no versículo 24 se lê: Por isso, deixa o homem pai e mãe e se une a sua mulher, tornando-se os dois uma só carne.

Mesmo sabendo que a Bíblia Sagrada é um livro repleto de metáforas e simbologias, entendemos que nessa passagem não há ambiguidade. Sendo a humanidade o ápice da criação divina e sendo O Próprio Deus, Amor, como sugere João, o discípulo amado, quando homem e mulher se unem pelos laços sagrados do amor, ocorre então o verdadeiro matrimônio, que nada tem o poder de separar, porque é divino.

Já no livro de Provérbios 18-22, lemos: "O que acha uma esposa acha um bem e alcançou a benevolência do senhor".

Estamos a caminho do amor ágape, amor universal e é na família onde esse amor começa, é a família o verdadeiro laboratório desse amor. O homem e a mulher, quando se amam se completam nas diferenças. Quando o casal se ama, o casamento faz sentido porque eles vivem uma felicidade comum, pois um colabora na felicidade do outro. Ambos olham na mesma direção. São como plantas que se entrelaçam e quanto mais se entrelaçam, mais o amor os une e eles avançam para plenitude do amor eterno.

Sabemos que no seu início o homem era só instinto, com a evolução atingiu-se a fase das sensações e posteriormente chegamos ao sentimento. O amor é o sentimento por excelência. Por isso a doutrina espírita esclarece-nos que o casamento é um progresso na marcha da humanidade e que se um dia o casamento for abolido do seio da sociedade, seria um retorno a vida dos animais irracionais (Questões 695 e 696 de O Livro dos Espíritos).

É comum em uma festa de bodas, os convidados desejarem que o casamento dê certo para que os noivos sejam felizes, quando na verdade se dá o contrário: É preciso que sejam felizes para o casamento dar certo. Nas bodas inicia-se um novo ciclo na vida do casal e o casamento vai se fortalecendo a cada dia. A comunhão espiritual acontece gradativamente de coração para coração com a permuta incessante de ternura e afeto.

Há quem diga que atrás de um grande homem sempre existe uma grande mulher... Contudo seria mais correto falar: Ao lado de um grande homem, existe sempre uma grande mulher. Sendo o homem razão e a mulher sentimento, um completa o outro indubitavelmente.

Este escriba iniciante pede licença agora para homenagear aquela que foi um divisor de águas em minha vida. Aquela que faz com que minha vida tenha sentido. Aquela que me libertou de uma vida de vícios e penúrias e me ajudou a chegar onde me encontro agora: Adelina, minha esposa querida, para a qual tenho uma imensa gratidão pelo bem que me faz e por me fazer compreender o que é amor.

Eu não tenho a menor dúvida de que já nos conhecíamos de existências transatas e que esse amor vem se desenvolvendo desde tempos imemoriais. O que seria de mim, não fosse a força do teu amor que me ajuda a viver? Tenho medo até de pensar... Profunda gratidão a Deus, pelo presente divino que representas para mim.

Adelina, tu és verdadeiramente minha alma gêmea, porque é o mesmo amor que nos une e eu sinto que sempre iremos nos encontrar na estrada infinita do Espírito rumo a Deus.

ALMA GÊMEA

Eu só quero lhe dizer
Que a razão da minha vida
Ser completa e colorida
É unicamente você.

Eu só quero lhe falar
Você é o meu grande amor
Você é vida em esplendor
E eu só vivo pra lhe amar...

És o presente que Deus
Colocou nos braços meus
Pra me ajudar a viver...
Nosso amor é luz-verdade,
Você é minha outra metade
E eu vou sempre amar você...

O BOM COMBATE

Certo dia alguém perguntou a Madre Teresa de Calcutá qual seria o objetivo da vida e a grande benfeitora católica deu uma resposta bem espírita. Respondeu Madre Teresa:

- Quando nascemos nos é colocado nos ombros, um saco de pedras. O objetivo da vida é deixarmos estas pedras pelo caminho, para voltarmos mais leves. Mas, incautos que somos ao invés de nos desfazer das pedras, colocamos mais pedra no saco e voltamos mais pesados...

É bom lembrar que estas pedras são as nossas imperfeições, aquilo que macula o Espírito. Estas pedras são produtos nosso, portanto de nossa responsabilidade e se as trazemos ao nascer, significa que as adquirimos em existências anteriores. Então um dos objetivos da vida é repararmos os erros do passado e isto significa "deixarmos as pedras pelo caminho", para voltarmos mais leves.

Sabemos que todos nós fomos criados simples e ignorantes e o chamado "pecado original" é o orgulho e o egoísmo que nós mesmos criamos com a deturpação dos instintos naturais. Se em vez de deturparmos os instintos, nós os sublimássemos, nossa evolução seria ascendente, na vertical. Com a deturpação e, consequentemente, o reconhecimento do erro, a consciência nos impele ao reparo e isto não é tarefa fácil porquanto são erros milenares que estão muito robustecidos e isto torna nossa evolução mais lenta, na espiral.

Grande parte das nossas imperfeições espirituais, podemos sintetizar como os conhecidos "sete pecados capitais".

Dessa forma, o instinto do amor próprio que sublimado seria humildade, deturpado transformou-se em orgulho. O instinto de conservação, que sublimado seria altruísmo, deturpado transformou-se em avareza. O instinto segurança, que sublimado seria aspiração, deturpado transformou-se em inveja. O instinto de progresso, que sublimado seria trabalho, deturpado transformou-se em preguiça. O instinto de preservação que sublimado seria apenas alimentação necessária, deturpado passou a ser gula. O instinto de equilíbrio que nos traria paz interior, deturpado transforma-se em ira. E por fim, o instinto do sexo que sublimado transformar-se-ia em castidade, deturpado transformou-se em luxúria.

Percebemos na simulação acima, que nossas imperfeições aprisionam nossas virtudes. Assim, desintegrando as imperfeições surgirão nossas virtudes libertas, que existem em estado latente em nós mesmos. Porém, diante destas reflexões, compreendemos a grande dificuldade que temos de matarmos o "homem velho", representado por nossos erros antigos, para que surja ou nasça o "homem novo".

Nosso ego, que é a representação dos instintos deturpados não quer morrer, parece que tem vida própria à revelia da nossa essência divina, daí a nossa grande dificuldade. Contudo, nossa essência, que é divina, tem um poder incrível e no final será a grande vencedora, só precisa que a despertemos, porquanto se encontra adormecida. Despertar a consciência é nosso primeiro objetivo, para que com a consciência desperta, iniciarmos o bom combate.

Paulo de Tarso, na minha humilde opinião, o maior apóstolo do Cristianismo pela sua grande conversão, no começo de seu apostolado descrevendo sua atual condição espiritual, escreveu aos Romanos no capítulo 7-19 "Porque não faço o bem que prefiro, mas o mal que não quero, esse faço". Todavia, Paulo é um grande exemplo para mim porque lutou na autotransformação porque escreveu mais à frente ao seu amigo Timóteo, na segunda carta Capítulo 4-7 "Combati o bom combate, completei a carreira, guardei a fé". E minha admiração a esse grande Cristão se completa quando ele escreve aos Gálatas 2-20 "Logo, já não sou eu quem vive, mas Cristo vive em mim...".

Existem, sem dúvida, muitos exemplos de autotransformação na história como, por exemplo: Maria Madalena, Zaqueu, Levi ou Mateus, Francisco de Assis, Santo Agostinho e etc., e isso nos ensina que apesar de ser difícil, não é impossível a mudança.

Na natureza, tudo que é agredido se defende e na defesa se fortalece. Logo, não devemos, a pretexto de fazer reforma íntima, atacar nossas imperfeições, mas, compreendê-las para, então, substituí-las por virtudes. Banhando-nos com as águas da virtude, dia a dia, nossas imperfeições vão enfraquecendo e aos poucos, morrendo.

Conta-se que um homem tinha um cão muito bravo, que vivia solto na casa. Suas visitas reclamavam: "Não é agradável vir à sua casa. Seu cão é muito bravo e nos mete medo...". Para agradar as visitas o homem prendeu o cão no fundo do quintal, então ele passou a latir muito. Suas visitas reclamavam: "Não é agradável vir à sua casa. Seu cão late muito e nos incomoda...". Ele então decidiu trancar seu animal no porão de sua casa, acorrentado e às vezes esquecia até de alimentá-lo. Mas um dia, não se sabe como, o seu cão conseguiu soltar-se e faminto e furioso, feriu quase de morte seu dono e suas visitas. Moral da história: Todos nós temos um cão interno que é nosso, em vez de o prendermos ou trancafiá-lo nos porões internos para aparentarmos ser pessoas melhores para agradar aos outros, devemos sim, reconhecer que temos esse animal que incomoda e nos esforçar para domesticá-lo adestrando-o para transformá-lo de ameaçador em útil.

Lembremo-nos sempre: Um dos grandes objetivos da vida é vivermos de tal modo que quando voltarmos para a pátria verdadeira, o mundo causal, estejamos mais leves. Dessa forma nossa existência não foi em vão.

O BOM COMBATE

Sou um microcosmo em crescimento,
Parte integrante de um todo.
Luz incandescente camuflada
Pelo orgulho, o maior de todo engodo.

Chama de vida inapagável,
Inteligência em desenvolvimento,
Consciência que se amplia a cada dia,
Espírito em constante crescimento.

Estou em busca da plena liberdade
Que todo ser anela alcançar...
Condição que só vou conquistar
Vencendo em mim mesmo a maldade...
Egoísmo, flagelo da humanidade,
Que preciso vencer a cada dia
Para então eu sentir a alegria
De viver plena felicidade...

O MAIOR NO REINO DOS CÉUS

São bastante elucidativas as passagens evangélicas que encontramos em Mateus 18.1-5, Marcos 9.33-37 e Lucas 9.46-48. Nestas passagens vemos que Jesus viajava da Galileia para a cidade de Cafarnaum, onde morava com Pedro. No trajeto, percebeu que seus discípulos discutiam entre si, qual seria o maior entre eles. Chegando à casa de Pedro, Jesus perguntou-lhes sobre o que discutiam pelo caminho, eles então ficaram envergonhados e calados diante da pergunta. Jesus então lhe fala: "Se alguém quer ser o primeiro, que seja o último e servo de todos". Seus discípulos então lhe perguntam: "Senhor, quem será o maior no reino dos céus?" Jesus chama uma criança que estava presente, a coloca no meio deles e esclarece: "Em verdade vos digo que, se não vos converterdes e não vos tornardes como crianças, de modo algum entrareis no reino dos céus. Portanto, aquele que se humilhar como esta criança, esse é o maior no reino dos céus. E quem receber uma criança, tal como esta, em meu nome, a mim me recebe".

Jesus sugere nestas passagens evangélicas que a criança possui todas as características para adentrar no reino dos céus que certamente é um reino de pureza. A doutrina espírita nos esclarece que o estado de infância é necessário para que a ternura infantil enterneça nossos corações e nos afeiçoemos a elas. Ensina-nos também esta doutrina do Cristo, que a debilidade que a criança possui é necessária para que ela se torne mais vulnerável a novos ensinamentos. Entendemos então a grande necessidade de ainda precisarmos passar pelo período infantil.

Mas vejo que não é só isto. Talvez a fase infantil também seja-nos útil para que, na fase adulta, ao olharmos para uma criança entendamos que se já passamos por esta fase de pureza e deixamos que ela se perdesse pelo caminho é perfeitamente possível que a resgatemos, pois ela deve existir em estado latente em nós mesmos. Se já fomos, podemos voltar a ser. Por que não?

Quando a Doutrina dos Espíritos nos fala tanto da reforma íntima não é por mero acaso. É porque o Espiritismo nos traz Jesus de volta em toda sua simplicidade e amplia seus ensinamentos. Jesus plantou a semente e deixou a base, e o Espiritismo, enquanto terceira revelação, completa seus divinos ensinamentos.

A reforma íntima é, portanto, um seguro caminho para o reino dos céus. Quando Jesus fala "se não vos tornardes como crianças DE MODO ALGUM entrareis no reino dos céus", quer dizer-nos que não há outro modo, outra maneira de alcançarmos o tão anelado reino. Portanto, através da reforma interior, à medida que combatermos o homem velho com todas as impurezas que nos distanciam da criança interior, a esta surge com as virtudes que possui revelando as condições a que Jesus se referiu.

Muito antes de ter chegado a este momento do livro, o leitor atento já percebeu que a essência de todo o livro é a autotransformação, a reforma íntima, a busca da pureza espiritual. É isso mesmo. Entendemos que o único objetivo da vida é este, por isso a Doutrina Espírita surgiu para este propósito, além de nos revelar as verdades divinas que estivermos aptos para entender. Já vimos em capítulos anteriores, que buscamos incessantemente a felicidade, e isso é muito natural, ocorre que a buscamos, na grande maioria das vezes, de forma equivocada e nos perdemos cada vez mais nos labirintos da vida.

A felicidade está nas coisas simples, é na simplicidade que Deus se revela casa vez mais. Se a felicidade está no que é simples, todas as vezes que complicamos a vida, nos distanciamos dela. Precisamos então descomplicar a vida, e já não é sem tempo, porquanto os grandes mensageiros divinos que já estiveram conosco, vieram para nos ensinar exatamente esta verdade e Jesus foi e é o maior entre todos.

Portanto amigos leitores, devemos sim nos esforçar para praticar este ensinamento do divino mestre: Converter-nos e tornarmo-nos como as crianças. Para que continuar levando a vida tão a sério? Há momento para tudo nessa vida, reservemos então mais momentos para agirmos como estes seres de pureza, as crianças. E isto não implica somente brincadeiras. Agir como criança também é não ter maldade, ver o lado bom das coisas, ser amigo sem interesse algum, não guardar mágoas e eliminar ressentimentos. É enfim, amar por amar sem esperar nada em troca. Sugiro então que nos espelhemos nas crianças, que as observemos mais, pois elas têm muito o que nos ensinar e nós temos muito o que aprender com elas.

DESPERTE

Busca em ti mesmo a verdade,
Procura andar nos caminhos do amor,
Desenvolve tua força interior
E cultiva a cada dia a amizade.
Sua meta é a felicidade
Vive de forma que a possa merecer.
O caminho é o autoconhecer
E viver com Jesus em sintonia...
Procura despertar a cada dia
A criança que existe em ti.

Se liberte dos ressentimentos,
Pois a mágoa só fere e só maltrata,
Foge sempre dos erros que te matam,
Desenvolve só bons pensamentos...
Dessa forma, nobres sentimentos,
Tomarão conta do teu Ser.
Tu podes e deve combater
O orgulho que tortura e que judia...
Procura despertar a cada dia

A criança que existe em ti.

Vive pra vencer o homem antigo,
Velhos hábitos elimine de tua vida
E desperta a criança adormecida
Que permaneceu sempre contigo...
Se quiseres ter amigo, sejas amigo,
Desenvolve o Ser mais que o Ter,
Tenhas sempre alegria de viver
E vivas sempre em constante alegria...
Procura despertar a cada dia
A criança que existe em ti.

AUTOCURA

Conta-se que um poderoso monarca mandou chamar um sábio médico, que todos acreditavam que possuía poderes curativos, para ajudá-lo em sua enfermidade. Ao chegar, o homem sábio e bondoso iniciou logo um diálogo fraterno:

- Deus nos ajudará – disse o sábio. – Mas antes vamos entender a razão destas dores. Sugiro que sua majestade se confesse agora, pois a confissão faz o homem enfrentar seus problemas, e o liberta de muitas culpas.

E o médico sábio começou a perguntar tudo sobre a vida do soberano, desde a maneira como tratava seu próximo até as angústias e aflições do seu reinado. A certa altura, aborrecido por ter que pensar em tantos problemas, o rei disse:

- Não quero falar desses assuntos. Preciso de alguém que cure sem fazer perguntas.

O santo homem saiu e voltou depois de algum tempo com outro homem.

- Eu acredito que a palavra pode aliviar a dor, e me ajudar a descobriu o caminho certo para a cura. Entretanto, o senhor não deseja conversar, e não posso ajudá-lo. Mas eis aqui quem o senhor precisa: Meu amigo é veterinário. Não costuma conversar com seus pacientes...

Vimos na história acima o modelo ideal de médico, do qual a população necessita: Aquele que conversa com seu paciente, procura ouvi-lo e se importa com ele. Modelo em extinção em nossos dias. Há uma anedota hilária que conta que Jesus esteve recentemente na terra, vestiu um jaleco branco e resolveu substituir um médico em seu dia de folga, em um hospital público brasileiro. Entrou no hospital, e ao passar pelo corredor da enfermaria, cruzou com um paraplégico que, sentado em sua cadeira de rodas, aguardava o momento da consulta. Disse-lhe Jesus:

- Levanta-te e anda!

O homem ergueu-se e deixou o consultório, empurrando a cadeira de rodas. Alguém lhe perguntou em sua passagem pelo corredor:

- Esse barbudo que falou com você é o novo médico?

-Sim – respondeu o homem.

- O que achou dele?

- Igual aos outros. Não pôs a mão em mim.

Nesse caso, vemos um homem que não reconhece e sequer agradece a imensa bênção alcançada, a exemplo dos nove leprosos curados por Jesus, que curou dez e só um voltou para agradecer e permanecer com Ele (Lucas 17.11-19).

Nossos problemas de saúde, muitas vezes, são consequências de equívocos espirituais do passado ou desarranjos emocionais do presente. Portanto a enfermidade é o efeito e não a causa. Se resolvermos o efeito, o alívio será momentâneo, pois a causa permanecerá e produzirá novos efeitos, talvez piores que os primeiros. Assim, a sabedoria consiste em descobrir as causas dos nossos males para resolvermos nossos problemas pela raiz.

Jesus conhecedor da nossa realidade espiritual curava

somente aqueles que já haviam alcançado o devido merecimento pela expiação completa dos seus equívocos. Jesus não curou a todos que cruzaram seu caminho, a exemplo da cura do paralítico da piscina (João 5.1-9) que estava cercado de muitos enfermos, conforme o versículo terceiro, mas Jesus só curou a ele naquele momento.

É preciso que analisemos as palavras proferidas por Jesus em quase todas as curas realizadas por Ele: "Vai e não peques mais, para que não te suceda o pior...". Ao analisarmos esta frase, fica fácil entender que a causa das enfermidades é o "pecado" ou desobediência às leis de Deus. Por isso, ao lermos sobre os grandes mestres de amor que passaram pela terra, verificamos que nenhum deles passou por enfermidade alguma. Não tinham nada mais a resgatar pelas enfermidades. Na existência terrena de Jesus, Ele não teve sequer uma dor de cabeça.

Jesus é o médico das almas. Cura nossos Espíritos para que não venhamos a sofrer. Contudo é preciso entender que o remédio prescrito por Jesus é a sua doutrina de renovação e de amor. Se esse remédio não for ministrado em nossas vidas, não haverá a tão anelada cura.

Aprendemos com o evangelho que a fé é um antídoto eficaz, porquanto Jesus afirmou muitas vezes: "A tua fé te curou". Mas não a fé cega e vazia e sim a fé operante que executa os mandamentos divinos, como atestou Tiago em sua epístola no capítulo 2 versículo 17, "A fé, se não tiver obras, por si só está morta". Com estes ensinamentos aprendemos que a solução para os nossos males é a autotransformação e o amor. Se o sofrimento é uma das moedas com a qual pagamos nossos débitos do passado, o amor é a outra moeda para quitação dos nossos débitos. Amando sem distinção, perdoando nossos ofensores e cultivando uma fé operante e viva, teremos então uma vida repleta de bênçãos, saúde e paz. As duas moedas são: a dor e o amor. Com qual delas você amigo leitor, quer pagar suas dívidas?

Não é por acaso que a Doutrina Espírita levanta a bandeira de que "Fora da Caridade Não há Salvação". E quando Kardec pergunta aos Espíritos Superiores na pergunta 886 de O Livro dos Espíritos, qual o verdadeiro sentido da palavra caridade como entendia Jesus? Os benfeitores divinos responderam: "Benevolência para com todos, indulgência com as imperfeições alheias e perdão das ofensas".

Caridade, que significa amor em ação é, portanto, a chave da libertação da nossa essência que se encontra aprisionada pelo nosso ego, causa do nosso sofrimento. O amor em ação liberta e cura. Eis o remédio prescrito por Jesus e tão divulgado e ensinado pela Doutrina dos Espíritos. Toda ajuda de fora é somente ajuda. Porém, nós somos o problema e a solução. O problema e a solução estão em nós mesmos. A auto cura é a meta e o único remédio é a pratica do evangelho. O evangelho é a receita prescrita pelo divino médico, Jesus.

TRILOGIA DA CURA

Se a vida lhe faz sofrer
Não blasfeme e não reclame...
Cumpra sempre o seu dever,
Tenha fé, perdoe e ame.

Se for injustiçado,
Lembre: Jesus também foi...
Seja então resignado,
Tenha fé, ame e perdoe.

Se tudo parece escuro
Mantenha-se firme, de pé...
Haverá luz no futuro,
Ame, perdoe, e tenha fé.

A cura pra todo mal
Pode ser um autoexame,
E uma reforma total...
Tenha fé, perdoe e ame.

Se quer ser abençoado
É preciso que abençoe...
Não fique inerte, parado.
Tenha fé, ame e perdoe.

Se você vê o momento
Pior do que ele é...
Transforme seu pensamento,
Ame, perdoe, e tenha fé.

Saia da prisão do ego,
Sua liberdade proclame...
Não continue como cego,
Tenha fé, perdoe e ame.

Para ter felicidade
Se entregue, se dê, se doe...
E por toda a eternidade,
Tenha fé, ame e perdoe.

A mudança interior
É imprescindível, é mister...
Tudo se cura com amor.
Ame, perdoe e tenha fé.

UM ATALHO PERIGOSO

Todas as vezes que eu reflito sobre dependência química, me vem à mente uma parábola árabe que narra que uma linda mulher, cheia de vida e esplendor, passeava em uma alameda florida numa tarde linda de primavera. Ela cantarolava uma suave canção para seu lindo filho, ainda bebê, que carregava no colo. Aquela mulher possuía quase tudo para ser feliz, eu disse quase porque segundo ela, faltavam-lhe bens materiais. Pensava ela: "Só me falta riqueza para que minha felicidade seja completa, como eu gostaria de ser rica...". De repente ela escuta uma voz: "Mulher, entra na caverna!" Ela pensa ser fruto da sua imaginação, porque por ali não há cavernas.

Porém mais à frente, novamente escuta: "Mulher, entra na caverna!" Agora ela pensa que está ficando louca, porquanto não existem cavernas na região. Quando pela terceira vez ela escuta a mesma sugestão, ela olha para o lado e vê uma caverna. A voz lhe fala: "Entra e pega todo ouro que puderes, serás rica como desejas, porém só tens três minutos, em seguida a entrada da caverna se fechará para nunca mais se abrir. Pega e sai rapidamente".

A mulher entra e descobre que o interior da caverna está repleto de ouro, esmeraldas, rubis e diamantes de todos os quilates, seus olhas brilham de cobiça e ela começa então a pegar tudo o que pode, pois só tem três minutos... A voz lhe apressa: "Seu tempo está acabando". Ela então sai, no cabo dos três minutos. A entrada da caverna então se fecha para não mais voltar a abrir... A pobre mulher cai genuflexa, chorando muito, infeliz porque se dá conta de que esqueceu seu filhinho amado no interior da caverna...

Assim acontece com a grande maioria das pessoas que adentram na caverna das drogas e movidos por uma insatisfação sem sentido, possuídos pela cobiça dos prazeres efêmeros que as drogas proporcionam, quase sempre deixam nessa caverna maldita a própria vida.

Todos, buscamos a felicidade de alguma forma. Acontece que temos pontos de vista diferentes a respeito dessa tal felicidade; o que é bom para uns, não o é para outros, "onde está o seu tesouro é ali que está o seu coração", disse Jesus. Muitos buscam a felicidade de forma equivocada e o uso de entorpecentes é uma delas. A ilusão do "barato" que essas substâncias proporcionam é o que vicia de fato.

Algumas drogas são psicotrópicas, ou seja, são atraídas pelo psiquismo. E isso se dá porque neurotransmissores naturais que atuam no cérebro justamente nas áreas que proporcionam prazer, possuem as mesmas características de algumas drogas. Chamamos esse neurotransmissores de endorfinas, dopaminas, serotoninas etc. Como as drogas psicotrópicas aumentam consideravelmente, de forma artificial, esses neurotransmissores, a sensação de prazer é enorme. Por isso se usa drogas, pela busca de uma felicidade artificial, efêmera e passageira, e as consequências são desastrosas e às vezes fatais.

Não existe droga mais pesada ou mais danosa, o que existe é o uso mais intenso ou não. Existe o uso, o abuso e a dependência total. É, portanto a quantidade que se usa que estabelece se ela é pesada ou danosa. Visto por esse ângulo, fica fácil perceber que o álcool é a droga que, apesar de ser lícita (permitida por lei), é a droga que mais danos causa à população, porque está em todos os setores da nossa sociedade; está nas comunidades mais carentes, bem como na alta sociedade, de forma livre. Além do mais, é sabido que os jovens se iniciam nas drogas quase sempre pelo uso do álcool. E após o álcool, quebrada a censura interna, abrem-se as portas para as drogas ilícitas (não permitidas por lei).

O alcoolismo é a terceira doença que mais mata no mundo, perdendo apenas para o câncer e doenças cardíacas. Essa é uma pesquisa que não mostra a realidade, porquanto o uso do álcool causa muitas mortes indiretas que não entram nessa estatística, como por exemplo, as mortes no trânsito, a violência causada pelo efeito do álcool e as comorbidades ou doenças psíquicas relacionadas. Se esses dados entrassem nas pesquisas, teríamos o álcool como a principal causa de mortes na nossa sociedade.

Eu vejo o alcoolismo como uma doença fundamentada no egoísmo, porque tem a insatisfação como pano de fundo e pelo pensamento egoísta que norteia o alcoólatra. Por exemplo, ele sempre fala: "Eu bebo com o meu dinheiro, paro quando quero e ninguém tem nada a ver com minha vida", tudo mentira justificada pelo egoísmo. Primeiro que na maioria das vezes ele usa o dinheiro que seria para a sobrevivência ou um mínimo de conforto da família, e ele fala que é dele. Segundo que por mais que tente, não consegue parar sozinho, então não para quando quer como afirma. E terceiro, o maior dos pensamentos egoísticos: "Ninguém tem nada a ver com a minha vida". Ele fala isso sem pensar que faz sofrer as pessoas que mais o amam, as pessoas que mais se importam com ele.

E desde eras muito remotas, o homem usa substancias que alteram o humor, devido a lei do menor esforço ou os atalhos para se chegar a sensações de prazer. É atalho porque podemos ser felizes sem esses expedientes, pois como já disse, já temos as substâncias do prazer em nosso cérebro, elas só precisam ser ativadas de forma natural e esse é um processo mais lento, como tudo que é natural.

Quero homenagear aqui, uma irmandade fundada em junho de 1935 e que mais recupera alcoólatras no mundo inteiro e, por traz de cada alcoólatra recuperado, surge uma família feliz. Além disso, prima pela transformação moral do seu membro através de doze passos espirituais, que hoje são usados por muitas instituições que lidam com a dependência química: Alcoólicos Anônimos.

ACRÓSTICO ALCOÓLICOS ANÔNIMOS

Toda droga no início
Até que traz alegria
Haja depois artifícios
Pra se usar todo dia...
Usar passa a ser mania
De uma doença que arrasa.
Destrói a família, a casa...
Só judia e só maltrata,

Quando não arrasa, mata,
E quando não mata, arrasa.

Alcoolismo, doença incurável,
Leva o homem a todo sofrimento;
Corrói tudo, até o pensamento.
O álcool deixa o homem imprestável.
Ou então em estado lamentável,
Lentamente até o forte cai...
Indo, sem saber pra onde vai,
Caindo nas sarjetas dessa vida...
O álcool nos abra uma ferida,
Sofrimento pra família, mãe e pai...

Agora existe uma irmandade
Nosso refúgio e nossa salvação
Onde se vive em união
Nos caminhos da sobriedade...
Irmandade para mim tão importante,
Me ensina a viver com alegria,
O lema é evitar o primeiro gole,
Só por hoje, amanhã é outro dia...

FÉ QUE REMOVE MONTANHAS

Era uma vez um riacho de águas cristalinas, muito bonito, que serpenteava entre as montanhas. Em certo ponto do seu percurso, notou que à sua frente havia um pântano sujo, por onde deveria passar.

Olhou, então, para Deus e protestou:

- Senhor, que castigo! Eu sou um riacho tão límpido, tão formoso, e o Senhor me obriga a atravessar um pântano sujo como esse... Como faço agora?

Deus respondeu:

- Isso depende da sua maneira de encarar o pântano. Se ficar com medo, você vai diminuir o ritmo do seu curso, dará voltas e, inevitavelmente, acabará misturando suas águas com as do pântano, o que o tornará igual a ele. Mas, se você o enfrentar com velocidade, com força, com decisão, suas águas se espalharão sobre ele, a umidade as transformará em gotas que formarão nuvens, e o vento levará essas nuvens em direção ao oceano. Aí você se transformará em mar...

A liberdade de pensar e agir que Deus nos proporciona é o que chamamos de livre-arbítrio e é com ele que, através das escolhas que fazemos, ganhamos experiência e com a experiência adquirimos a sabedoria que nos impulsionará para frente e para o alto. Ao compreendermos a sabedoria infinita de Deus, descartaremos a crença numa única existência, pois somente a pluralidade das existências nos dará a sabedoria que nos conduzirá a uma fé inabalável; a fé intrínseca que desenvolvemos através da experiência vivida. Essa fé encarará a razão em todas as épocas porque é fruto da própria razão desenvolvida. Por isso, Paulo escreveu aos Hebreus no início do capítulo onze: "*Ora, a fé é a certeza das coisas que se esperam e a convicção de fatos que não se vêem... Pela fé, entendemos que o universo foi formado pela palavra de Deus, de maneira que o visível veio a existir das coisas que não aparecem*".

O medo é a ausência da fé, como a fé é ausência do medo. Se compreendermos que Deus é nosso pai e que está no comando de tudo, não haverá motivos para o medo e essa fé nos conduzirá à felicidade através do enfrentamento dos obstáculos, que existem para nos fortalecer.

Na resposta da questão 27, de O Livro dos Espíritos, aprendemos que os dois elementos que constituem o universo são espírito e matéria e acima de ambos, Deus, o criador, o Pai de todas as coisas. Essa é a tríade universal: Deus, Espíritos e Matéria. Na resposta dos excelsos Espíritos, espírito está escrito em letra minúscula, pois eles falam de princípio inteligente do universo. Se Deus é a inteligência suprema, o princípio inteligente emana d'Ele, por isso somos Seus filhos. Ao nos desenvolvermos, chegamos à idade da razão, e aí a palavra Espírito passa e ser escrita com letra maiúscula. No salmo 82, versículo 6, Salomão escreveu mediunizado: "*Sois deuses, sois todos filhos do Altíssimo*". E Jesus lembrou essa passagem, em João 30:34, e em João 14:12, disse Jesus: "*Em verdade, em verdade, vos digo que aquele que crê fará também as obras que eu faço e outras maiores fará*". Notemos que somos deuses, com letra minúscula, nesse caso, enquanto filhos seremos sempre deuses, contudo, Espíritos.

Nesse capítulo eu gostaria de estimular a fé, pois

como já disse alhures, felicidade começa com fé. A fé tem o poder de transportar montanhas de problemas e em seu lugar deixar-nos a experiência. A fé é a mola que nos impulsionará rumo a Deus, sabedor dessa verdade, Jesus enalteceu tanto a fé e criticou a pequenez da fé de algumas pessoas.

Existe a fé humana e a fé divina. É divina quando compreendemos Deus e os mecanismos de sua lei, pois compreendendo não necessitaremos ver para crer e essa fé sempre nos trará conforto e esperança, fatores indispensáveis para a felicidade. A fé é humana quando descobrimos e desenvolvemos nossos potenciais magnéticos, inerentes a todos os seres humanos, como bem escreveu Um Espírito Protetor, em O Evangelho Segundo o Espiritismo, capítulo 19, item 12, "*A fé é humana e divina. Se todos os encarnados se achassem bem persuadidos da força que em si trazem, e se quisessem pôr a vontade a serviço dessa força, seriam capazes de realizar o que, até hoje, eles chamam prodígios e que, no entanto, não passa de um desenvolvimento das faculdades humanas*".

Se somos filhos do Deus Altíssimo, temos em nós o DNA divino e nem sempre paramos para pensar nesse poder que detemos em nós mesmos. Se Deus é a consciência do Universo, nossa consciência nos liga a Ele o tempo todo, nossa existência é uma constante oração, palavra que significa ação agora.

Conta-se que um padre espanhol visitava uma ilha, quando encontrou três sacerdotes astecas.

- Como vocês rezam? – perguntou o padre.

- Temos apenas uma oração- respondeu um dos astecas. Dizemos: "Deus, tu és três, e nós somos três. Tem piedade de nós".

-Vou ensinar uma oração que Deus escuta – disse o padre missionário.

Ensinou uma oração católica e seguiu seu caminho. Pouco antes de retornar à Espanha, teve que passar por aquela mesma ilha onde estivera alguns anos antes.

Quando a caravela se aproximava, o padre viu os três sacerdotes caminhando sobre as águas.

- Padre, padre – disse um deles – por favor, torna a nos ensinar a oração que Deus escuta, porque não conseguimos lembrar...

- Não importa – respondeu o padre ao ver o milagre.

E pediu perdão a Deus, por não haver entendido que Ele, Deus, entendia todas as línguas e escutava todas as orações sinceras, oriundas do coração.

FORÇA INTRÍNSECA

Todo homem é um pólo magnético
Que recebe e emite vibrações.
Todo corpo emana sensações,
É um vaso vibrante e energético...

Tudo é dinâmico e tão frenético,
Tudo é vida em constantes mutações,
Interação das diversas dimensões...
Tudo é belo, perfeito e tão poético...

Tudo se dá pela lei de afinidade,
O Espírito é que dá a qualidade
Ao fluido cósmico universal...
Pensamento é energia da vontade
E todo ser tem total capacidade
De desenvolver todo seu potencial.

ESPIRITISMO

Era uma vez, a muito tempo atrás (todas as lindas histórias começam assim), um orador espírita foi convidado para proferir uma palestra em determinado Centro Espírita e como aquele centro fosse muito frequentado, ele já se imaginou falando para uma grande multidão. Imaginando assim, preparou um tema deveras interessante com argumentos para falar durante uma hora.

Qual não foi a sua surpresa quando chegou ao local e só havia um homem para prestigiar sua palestra. Homem simples, do campo, sitiante ali das redondezas. O orador ficou decepcionado, como falar tudo o que preparou com tanto esmero para um só ouvinte e além do mais, inculto?

Antes do início da fala ele perguntou ao homem o que deveria fazer:

- Amigo, eu preparei uma palestra de uma hora, imaginando um público grande, porém só veio o senhor. O que achas? Falo o que preparei, ou não?

O homem cofiou a barba malfeita e falou com toda sua simplicidade:

- Olha moço, eu sou um homem do mato, não entendo nada dessas coisas, mas se eu for de manhã ao galinheiro dá milho pras galinhas e só tiver uma galinha, eu dou milho assim mesmo.

- Entendi – falou o orador, - obrigado pela sugestão.

Subiu ao púlpito e soltou o verbo. Falou com muito

entusiasmo e eloquência durante uma hora inteira. Ao terminar a conferência, voltou a perguntar ao agricultor:

- Então, o que achou? Gostou?

- Olha moço, como eu disse, não entendo muito dessas coisas não, mas se eu for de manhã ao galinheiro dá milho pras galinhas, eu dou, mas não dou o saco todo não...

Pois é caro leitor, o orador tinha muito conhecimento, mas lhe faltou discernimento, sabedoria. Da mesma forma não se pode ensinar tudo a uma criança, ela não entenderia. É imperioso esperar cada etapa de sua vida para ministrar os ensinamentos inerentes à idade.

Deus, por ser a inteligência suprema do universo, vai aos poucos revelando a verdade, de acordo com o nosso crescimento espiritual. Caso contrário, não entenderíamos nada. Por isso, a revelação Mosaica, revelação Cristã e o Espiritismo, vieram no tempo certo.

Vale a pena conferir o Sermão do Cenáculo que Jesus proferiu nos capítulos 14, 15 e 16 no evangelho de João. No capítulo 14, versículos 25 e 26 Ele fala: "*Isto vos tenho dito, estando ainda convosco; mas o consolador, o Espírito Santo, a quem o Pai enviará em meu nome, esse vos ensinará todas as coisas, e vos fará lembrar tudo o que vos tenho dito*".

Entendemos assim, que cada revelação divina, complementa a anterior. Jesus continua seu divino sermão, e no capítulo 16, versículos 12 e 13 Ele complementa o que disse anteriormente: "*Tenho ainda muito a lhes dizer, mas vós não podeis suportar agora; quando vier, porém, o Espírito da Verdade, ele vos guiará a toda verdade; porque não falará por si mes-*

mo, mas dirá tudo o que tiver ouvido e vos anunciará as coisas que hão de vir".

Vemos que com o Espiritismo o véu da verdade se rasgará, ainda assim aos poucos, pois o Espiritismo acompanhará a ciência passo a passo em todas as épocas. Como o Espiritismo não está personificado em uma pessoa, mas na coletividade dos Espíritos elevados, "*eles não falam por si mesmos, mas falam tudo o que já ouviram*" (a sabedoria adquirida através dos tempos e também os novos ensinamentos de Jesus).

Há muitos equivocados que pensam que o Espírito da Verdade, o consolador prometido veio no advento de pentecostes (Atos dos Apóstolos capítulo 2), fenômeno ocorrido cinquenta dias após a ascensão de Jesus. Ora, Jesus disse que o consolador "*nos faria lembrar tudo o que ele havia falado*". Só se lembra daquilo que se tiver esquecido e ninguém esquece uma mensagem em apenas cinquenta dias.

Depois de Jesus, nunca houve um movimento tão grande, de tão relevante importância para a humanidade do que o Espiritismo. O Espiritismo é, portanto, a terceira revelação de Deus para seus filhos, a humanidade.

Os núcleos onde se aprende sobre essa revelação são os Centros Espíritas. Por isso os Centros Espíritas nos lembram muito as pequenas comunidades Cristãs do Cristianismo primitivo em sua simplicidade e pureza, que nos lembra aquela época. Assim devem ser os nossos Centros Espíritas, simples sem serem simplórios e sem fugirem nunca da base que é Jesus. O ensinamento moral que os Centros ensinam é o ensinamento deixado por Jesus, pois entendemos que não há outro melhor que este.

Quando Kardec perguntou aos venerados irmãos superiores, na pergunta 625 de O Livro dos Espíritos, "*qual o tipo mais perfeito que Deus ofereceu ao homem para lhe servir de guia e de modelo*?", a resposta é curta, simples e pragmática: "*Vede Jesus*". Portanto, Jesus é o mestre que conduz todos os trabalhos realizados em um Centro Espírita e este representa escola, hospital e templo religioso onde nos religamos cada vez mais a Deus, nosso Pai.

Jesus não podia nos falar muito da mediunidade, fenômeno que Ele realizava com tanta naturalidade, porque não entenderíamos, por isso hoje se estuda tanto a mediunidade em Centros Espíritas que representam Jesus aqui na Terra. Nada ficará oculto, tudo nos será revelado. Porém os Núcleos Espíritas representam os lugares onde nos reunimos para aprendermos a amar, tendo como mestre nosso Senhor Jesus Cristo, contudo é na nossa vida diária que devemos colocar em prática o que ali aprendemos. Não somos perfeitos, estamos ainda muito longe dessa realidade, porém "*se reconhece o verdadeiro espírita pela sua transformação moral e pelo esforço que emprega para domar suas más inclinações*".

Depende de nós mantermos sempre os Centros Espíritas como lugares abençoados e simples, onde podemos sentir a presença do Mestre em todas as atividades, pois Ele está presente onde reina a paz e o amor anunciados por Ele.

CENTRO ESPÍRITA

Centro Espírita, lugar abençoado,
Escola de ciência e de amor.
Núcleo de luz divinizada,
Templo de Deus e de louvor...
Reduto de paz e oração
Onde tudo é vida e esplendor.

Espiritismo é escola universal
Sempre aberto à ciência e ao amor,
Profilaxia de tristeza e da dor,
Irmandade amiga e fraternal...
Representa o Cristo Consolador,
Instrumento de Deus aqui na terra,
Templo sagrado onde se encerra
A fé, a esperança e o amor.

O LOGOS DIVINO

Quando os médiuns da antiguidade (profetas) começaram a ter inspirações de que o messias viria da parte de Deus, e a profetizar este acontecimento, podemos entender ou interpretar que aí começava um "namoro" do Cristo com a humanidade.

Quando aconteceu seu nascimento, cumprindo-se as famosas profecias, foi como se aí o compromisso fosse firmado, ou seja, o "noivado" do Cristo com a humanidade se concretizou.

Depois do período de "noivado", o Cristo de Deus não perdeu tempo e levou seus transcendentais ensinamentos para o oriente e outras regiões da Terra, então voltou a Galileia onde deixara tempos atrás sua família carnal. Foi exatamente nesse momento que João, o discípulo amado narra de forma mística, as famosas Bodas de Canaã da Galileia em seu evangelho, no capítulo dois. Como bodas significa casamento, interpretamos que aí aconteceu o casamento de Jesus com a humanidade.

Ele próprio se coloca na condição de noivo (Lucas 5.34 e 35), depois que os fariseus o criticaram porque Ele e Seus discípulos não jejuavam, enquanto eles próprios, os fariseus, João Batista e seus discípulos o faziam. "Jesus, porém lhes disse: *Podeis fazer jejuar os convidados para o casamento, enquanto está com eles o noivo? Dias virão, contudo, que lhes será tirado o noivo; naqueles dias, sim, jejuarão*". Se Jesus é o "noivo", a humanidade terrena é a noiva.

Nas bodas de Canaã, o vinho de má qualidade que fora servido até então, representa as doutrinas incompletas e de má qualidade ensinadas até aquele momento e o vinho de ótima qualidade servido por Jesus, representa a sua doutrina perfeita, de ótima qualidade. Ele transforma a "água", essência do vinho ruim de então, em vinho maravilhoso e todos ficam maravilhados do Seu vinho, ou melhor, com Sua doutrina perfeita.

Quando o mestre-sala da festa de Canaã da galileia (João 2.10), fala ao noivo: "*Todos costumam por primeiro o bom vinho e, quando já beberam fartamente, servem o inferior; tu, porém, guardaste o bom vinho até agora*", significa que a primeira parte desta fala é fato comum em toda festa, porém, guardar o bom vinho até o fim não condiz com o costume tradicional, por isso entendemos que Sua doutrina representa o bom vinho que foi servido a partir de Jesus...

Jesus, O Cristo de Deus, não transformaria água em vinho literalmente em uma festa comum de casamento, passando por um mágico vulgar (Sua elevação moral e espiritual é muito grande para isso), Ele não se prestaria a isso. Se o chamado primeiro milagre tivesse de fato acontecido literalmente, esse fato não passaria despercebido dos outros evangelistas e eles certamente o narrariam. Contudo, somente João fala do assunto, porém João escreve de forma diferente dos outros, seu linguajar é místico, alegórico. Kardec, no capítulo XV de A Gênese, escreve que é mais racional entendermos a passagem bíblica que se refere às bodas de Canaã como mais uma das maravilhosas parábolas tão frequentes nos ensinos de Jesus...

João Evangelista conclui seu evangelho com as seguintes palavras, "*Há, porém, ainda muitas outras coisas que Jesus fez. Se todas elas fossem relatadas uma por uma, creio eu que nem no mundo inteiro caberiam os livros que seriam escritos*".

Muito já se escreveu sobre Jesus, Ele é o personagem mais escrito de todos os tempos. Por esse motivo eu não gostaria de me alongar nesse escrito, apenas falar um pouco desse "Verbo Divino" (em forma de homenagem, embora Ele dispense homenagens) que se fez carne e habitou entre nós (O Cristo de Deus se personificou em Jesus), como bem se refere João no inicio do seu evangelho.

Jesus foi, é, e será o Ser mais importante e elevado espiritualmente que já surgiu na Terra, tanto é verdade que Ele, só Ele, foi capaz de dividir o calendário do tempo humano. O calendário passou a ser conhecido como "antes e depois de Cristo". A verdade é que conseguiremos ser de fato felizes, nessa existência, na vida futura ou espiritual e consequentemente nas existências futuras, quando praticarmos sua doutrina de amor (bebermos do vinho por Ele apresentado) que liberta das amarras do terra a terra para evolarmos para regiões sublimes da Espiritualidade Superior. Ele mesmo ensinou isto quando asseverou: "*Eu sou o caminho, a verdade e a vida; ninguém vem ao pai, senão por mim*" (João 14.6). Notem, amigos leitores, que Ele não falou "Ninguém vai ao Pai", pois se assim tivesse falado, significava que Ele próprio não estava no Pai. Mas Ele falou: "*Ninguém vem ao Pai*", significando que Ele próprio já estava no Pai.

O que dá mais credibilidade a Jesus e o faz o Ser Divino por excelência, é que Ele foi até hoje o único profeta ou mensageiro de Deus que praticou o que falou, não houve um único ensinamento de Jesus que não fosse exemplificado ou vivenciado por Ele (um exemplo fala mais que mil palavras).

João tinha razão quando escreveu que não caberiam no mundo os livros se fôssemos escrever tudo sobre esse Ser tão grande que abarca toda a terra. Por esse motivo não devo escrever mais, por mais que se escreva, ficará incompleta a escrita. Contudo, peço que todos leiam Seu evangelho, que é a boa nova, a nova aliança (Eis mais uma vez o símbolo do casamento) de Deus com esta humanidade tão necessitada de amor. Leiam Jesus, também com o coração e não somente com o cérebro, pois o sentimento nos ajuda a entendê-Lo.

Passarão céus e Terras, como Ele disse, mas suas palavras não passarão, pois são palavras de vida eterna... É expressão da Divina verdade enquanto revelação de Deus através d'Ele, para a humanidade.

JESUS CRISTO

Justo, amoroso, iluminado,

Estrela radiante de amor,

Ser sublime para o mundo enviado,

Único caminho revelado...

Siga-O, e chegará ao Criador.

Caminho, vida e verdade,
Representante de Deus na humanidade,
Irradiação de amor pureza e luz...
Segure Sua mão, sempre estendida,
Transforme-O em tutor de sua vida,
Ofereça-Lhe amor e fé; Ele é Jesus.

O OBJETIVO DA VIDA

Uma antiga lenda Árabe, que narrarei ao meu modo, conta que às margens de uma frondosa floresta, ainda virgem, morava um simples lenhador que vivia com os parcos recursos adquiridos com a venda de alguns gravetos de lenha que juntava todas as semanas e vendia na cidade para garantir sua sobrevivência. Vivia infeliz, sua vida não tinha muito sentido e ele desejava ser feliz, por isso orava todo dia para que Deus lhe orientasse na busca da felicidade.

Certo dia passou por aquelas paragens um homem sábio, peregrino da vida, desses seres que andam pelo mundo irradiando luz de sabedoria por onde passa e lhe fez a seguinte proposta:

- Homem, entra na floresta...

Aquele homem pobre olhou para a floresta, ainda virgem que lhe acercava, como se a visse pela primeira vez e se deu conta que nunca se aventurara a lhe explorar. Após a sugestão do sábio, começou a entrar na floresta e a extrair dela, madeiras de ótima qualidade que ali encontrou e vender na cidade próxima. Sua vida começou a melhorar financeiramente e isso o motivou a entrar cada vez mais na floresta e dela extrair mognos de boa qualidade, jacarandás raros e diversas madeiras nobres e se tornou um homem rico, dono de uma grande e próspera madeireira,contudo ainda infeliz...

Depois de algum tempo de exploração, aquele homem encontrou no interior da floresta minas de ouro e prata, as registrou em seu nome, porquanto eram terras devolutas e passou a ser o homem mais rico de toda a região, porém tinha ele ainda um grande vazio existencial que o fazia ainda muito infeliz.

Depois de muito questionar Deus sobre sua situação, pois atendera a sugestão do sábio e entrara na floresta, ficou rico, passou a viver confortavelmente, mas e a felicidade pedida?

Já estava no entardecer da vida, quando teve a sorte de encontrar novamente aquele homem sábio e lhe perguntou:

- Segui sua sugestão, entrei na floresta e fiquei rico, mas sou ainda muito infeliz, onde foi que eu errei?

O peregrino da vida o olhou com ternura e após alguns segundos de silêncio, elucidou:

- Meu filho, você entrou na floresta errada. A floresta que eu me referia era a floresta do seu interior, do Espírito, para descobrir as causas da sua infelicidade e as eliminar pela raiz para conquistar a tão anelada felicidade.

Conclui a lenda que aquele homem passou a viajar para dentro de si mesmo e depois de algum tempo, encontrou a paz e consequentemente a felicidade...

É muito comum na vida, adentrarmos sempre na floresta do materialismo e muitas vezes nos darmos bem financeiramente. Porém, se nos esquecermos de nós mesmos, se não entrarmos também em nossa desconhecida floresta interior, será impossível vivermos um dia a verdadeira felicidade.

O aprendizado, as conquistas intelectuais e todo conhecimento adquirido só trarão resultados satisfatórios e nos tornarão sábios, se vivenciarmos os aprendizados da vida. Por isso a sabedoria é mais importante que o saber. O verdadeiro homem sábio é aquele que começa a ver a vida sempre do ponto de vista espiritual, com os olhos da alma, pois passa a compreender que a essência da vida não está nas coisas passageiras e efêmeras que a matéria proporciona, mas nos valores imorredouros do Espírito. Assim, o homem sábio percebe que nunca sabe nada, que sempre tem algo a aprender porque somente Deus é absoluto. Alguém já disse: "*Antigamente sabíamos quase nada de tudo... Hoje sabemos quase tudo de nada*".

Na felicidade se chega quando se faz boas escolhas, contudo as boas escolhas só são possíveis com experiência e essa experiência, com más escolhas. Viram amigos leitores o quão importante é viver? Viver é a busca incessante da sabedoria que nos proporcionará felicidade.

Quem passa a ver a vida sempre do ponto de vista espiritual vive mais sereno, mais calmo e ver os problemas e vicissitudes da vida como caminhos para se encontrar a paz. É evidente que a prática dos ensinamentos de Jesus, constrói o verdadeiro caminho para a felicidade plena. Muitos homens de boa vontade que certamente habitam na esfera Crística vieram ao mundo como mensageiros do amor para nos ensinar a construir esse caminho e um dos que ainda estão encarnados, é o nosso querido Divaldo Franco, o Paulo de Tarso dos nossos tempos, aquele a quem Chico Xavier chamou de "*trator de Deus*", o incansável mensageiro do amor e da sabedoria que leva Jesus e o Espiritismo para além das fronteiras do Brasil, leva a mensagem Cristã para o mundo inteiro.

No livro "*A Busca da Perfeição*" o Espírito Eros escreve pelas mãos do nosso Divaldo, a mensagem "*Por Fim a Sabedoria*", com a qual concluo este capítulo:

O discípulo entusiasmado solicitou ao mestre que o preparasse para a sabedoria.

O educador recebeu-o com carinho na sua gruta, explicou-lhe as dificuldades para a conquista da sabedoria e ensinou-lhes as regras fundamentais para a aquisição do conhecimento espiritual. Depois, ofereceu-lhe gastos manuscritos e alfarrábios das doutrinas antigas, para que os lesse e meditasse no seu conteúdo.

Passado um largo período, indagou-lhe um dia, buscando saber como estava sentindo-se e ele respondeu:

- Muito feliz e ansioso por conhecer mais, por adentrar-me no infinito das informações. Tenho sede de saber, de entesourar conhecimentos, de embriagar-me no licor da verdade...

O mestre ensinou-lhe novos ramos do pensamento, abriu-lhe diferentes caminhos da percepção, sugeriu-lhe meditação e renúncia.

Tempos transcorridos, voltou a indagá-lo a respeito de como estava e ele explicou:

- Alguma confusão me inquieta. São tão variados os ramos do saber, que agora procuro fazer as conexões entre uma e outra doutrina filosófica, para encontrar a lógica de todas. Necessito de muito mais tempo do que pensava.

O Orientador paciente esclareceu-lhe sobre a necessidade da compaixão e do amor, da piedade por si mesmo e pelo próximo, sugerindo que aquietasse a mente e pensasse com o coração, meditando e esperando.

Passados alguns anos em silêncio, quando a juventude se transforma em maturidade e essa em experiência de vida, o sábio perguntou ao antigo candidato como se encontrava.

Sem qualquer ansiedade ou desânimo, ele respondeu com calma:

- Estou em paz, porque em mim brilha a delicada chama do amor e não necessito de mais nada.

Não houve mais qualquer palavra de um ou do outro. Ele havia adquirido a sabedoria...

SABEDORIA

Vigia teus íntimos pensamentos,

Reflete em cada gesto teus,

Medita sempre buscando Deus,

Assim evitarás os sofrimentos.

Pois a vida é feita de momentos

E serás feliz em cada um...

Terás uma vida incomum

E uma existência especial,
Porque o teu único ideal
Será sair do lugar-comum.

O que difere o sábio dos demais
É pensar bem antes de agir.
É em tudo parar pra refletir
E entender de Deus, os Seus sinais...
Dessa forma será sempre capaz
De vencer as provas dessa vida
E formar uma alma enobrecida
Repleta de luz e de amor...
O sábio será sempre vencedor,
Na chegada, na lida e na partida.

Sabedoria é viver cada momento
Como um milagre que não se repete,
É em momento algum estar inerte
E sublimar cada pensamento...
Ser um sábio é sempre estar atento
Pra viver a vida com alegria,

É está com a mente em sintonia
Com o bem e o amor universal...
Quando alcançarmos este ideal,
Alcançaremos plena sabedoria.

SAGA ESPIRITUAL

Há bilhões de anos a nebulosa solar foi se formando para dar origem ao nosso maravilhoso Sistema Solar e, fragmentos desprendidos da descomunal nebulosa, deram origem aos planetas do sistema. A nossa família planetária.

A Terra, enquanto passava pelo esfriamento natural, sofreu incalculáveis ebulições e ali, em meio àquela imensa confusão, já havia o principio da vida, todos os elementos necessários para todo desenvolvimento da vida já existiam em estado latente na mãe Terra.

Pela diversidade de elementos, pela diversificação da própria natureza, podemos considerar a diversidade de "famílias", porquanto os elementos se agrupam pela lei da afinidade natural. O principio inteligente surgiu ainda de forma embrionária no vegetal. Não podemos precisar quando nem como, mais surgiu para dar início à sua trajetória, à sua saga, rumo ao Criador.

Depois de passar por todas as experiências que o reino vegetal proporciona, sempre vivendo em "famílias" diversas daquele reino, adentra no reino animal, sempre agregado na "família", representada pela diversidade das espécies animais.

E essa linda saga do princípio inteligente prossegue, até que esse principio inteligente adentre no reino hominal ou humano e a partir daí, dotado agora de uma consciência, que embora embrionária lhe dá condições de raciocinar, para que a partir de então, seja responsável pelos seus atos, sempre prosseguindo rumo a perfeição relativa, para estar junto da

Perfeição Absoluta que é Deus.

Vemos que o espírito enquanto principio inteligente do universo, sempre foi um ser gregário e ao passar para a condição humana, continua gregário, pois essa é a sua natureza. É através da união familiar, em suas diversas formas, que o Espírito anela seu aperfeiçoamento.

O conceito de família que todos temos hoje, surgiu a partir do homem primitivo, que após deixar de ser nômade, percebeu que podia viver em grupos fixos e explorar a terra na região em que viviam. O homem então deixa de ser nômade e passa a ser tribal dando origem às primeiras famílias humanas.

Chico Xavier falava com muita propriedade, que na reencarnação o Espírito nunca erra de endereço. Ou seja, nascemos sempre na família que precisamos nascer por alguma razão divina. Porém, o principal motivo dos agrupamentos familiares é o ajuste, o perdão e o amor. "*Reconcilia-te com teu adversário enquanto estás com ele no caminho*" (Mateus 5.25), disse Jesus. Então o caminho é representado pela família em que estamos no momento.

Nossa família, portanto, é o verdadeiro laboratório do amor verdadeiro. No seio da família, nasce o amor embrionário que um dia será transformado em amor Ágape ou Divino. Quando amarmos nossos entes queridos da família terrena de forma completa, transporemos a barreira ou os limites da família em direção das outras pessoas, pois esse é o objetivo: amar toda a humanidade de forma igual, porque na verdade, fazemos parte da grande família universal e as tantas reencarnações que já vivenciamos, nos torna cada vez mais irmanados.

Assim Jesus nos amou e nos ama, como Ele mesmo afirmou em Marcos (12.48-50): "*Quem é minha mãe e que são os meus irmãos? E estendendo a mão para os discípulos disse: Eis minha mãe e meus irmãos. Porque qualquer um que fizer a vontade do meu Pai celeste, esse é meu irmão, irmã e mãe*". Jesus já havia ultrapassado a barreira dos laços familiares e amava então a humanidade como um todo. Assim um dia seremos todos nós.

FAMÍLIA UNIVERSAL

Incessantemente pulsa a vida
Sob a égide de Deus onipotente:
No reino mineral está latente
Na lei de afinidade, exercida,
Pelos átomos e moléculas atraídas
Pela força da atração universal,
Onde Deus, nosso pai celestial,
No comando, exerce a influência,
Com justiça, amor e sapiência,
Na criação da família mineral...

Se a família dorme no mineral,
Após milênios de incessante evolução,

Ela agita-se em grande comoção
Ao adentrar no reino vegetal,
Onde o fluido cósmico universal
Reveste-lhe de toda vida orgânica...
E sob esta divinal mecânica,
A família vegetal se estabelece,
Evolui, progride e se enaltece,
No contexto de toda essa dinâmica.

E assim, o espírito congregado,
Em família, continua evoluindo...
E no reino animal vai ressurgindo
Em raças e espécies, irmanado.
Progredindo do invertebrado ao vertebrado,
Sob a égide de Espíritos tutelares,
Habitantes de espaços estelares,
Que trabalham para o Criador,
Nosso Deus de justiça e de amor...
E assim vamos... Desde eras milenares.

Depois que o princípio inteligente,
A viver basicamente do instinto,

Desse reino começa a ser extinto
Pra surgir como homem consciente,
O amor passa a ser mais abrangente
No sublime laboratório familiar...
E no impulso de sempre se agregar
O espírito procura na família
O sentimento de amor e de partilha
Na infinita senda milenar.

Família, divina instituição,
Célula máxima da sociedade,
Onde o Espirito de fraternidade,
Tende a crescer no coração
Através da gregária união
E afinidade espiritual...
Comunhão de vida, comunhão de ideal,
Laço eterno de partilha e de viver...
É na família que iremos aprender
A crescer em Espírito e em moral.

E no seio sagrado da família
Anelamos amor sem distinção,
Nosso pai, nossa mãe, nosso irmão,
Nosso cônjuge, nosso filho e nossa filha,
Para alcançarmos a grande maravilha
Que planejamos antes de nascer...
Só o amor nos fará vencer
As provas tão duras dessa vida.
Na família, no lar, na grande lida,
O desiderato irá acontecer...

Que Jesus abençoe o clã de amor
Que acolheu-nos com tanta alegria.
Que haja entre nós a empatia
E o amor que o Cristo ensinou.
Que o amparo de Deus que é Amor
Envolva toda a família mundial...
Que vivamos de forma fraternal
Para atingirmos a grande plenitude,
Agradecendo a Deus, sempre à miúde,
Eterno Pai da família universal.

PROVIDÊNCIA DIVINA

Um religioso de muita fé e um médico ateu debatiam suas convicções diante de um auditório repleto. Em determinado momento do debate, o médico decidiu deixar o religioso sem saída, perguntando-lhe assim:

- O senhor fala que Deus existe. Tudo o que existe tem seu cheiro, pode ser tocado e visto. Então me responda: O senhor já sentiu o cheiro de Deus? Já tocou em Deus? Ou já viu Deus?

O homem religioso meio sem jeito, respondeu tímido:

- Não...

- Veja bem, se o senhor não sentiu o cheiro, não tocou, nem viu Deus, o senhor tem três motivos fortes para acreditar que Deus não existe.

Silêncio total na plateia, todos acreditando que o debate se encerrava naquele momento. Quando o religioso, certamente inspirado, lhe devolveu a pergunta de forma diferente:

- Senhor doutor, como o senhor mesmo fala, tudo o que existe tem seu cheiro, pode ser tocado e visto. Então como médico me responda: O senhor já sentiu o cheiro da dor? Já tocou na dor? Ou já viu a dor?

O jovem médico, também desconcertado, respondeu:

Não... Claro que não.

- Então veja bem – concluiu o religioso. – Se o senhor não sentiu o cheiro da dor, nem tocou e tampouco viu a dor, o senhor tem três motivos fortes para acreditar que a dor não existe.

O médico ateu então redarguiu:

- Mas a dor, todos podem sentir...

- Caro doutor – rematou o crente. – Com Deus é assim também.

Conta-se que o religioso foi muito aplaudido e dessa forma, venceu o debate.

Amigos leitores, eu gostaria de concluir toda essa conversa, conversando sobre Deus enquanto Ser providencial, que participa da nossa vida e nos carrega nos braços nos momentos difíceis, embora quase nunca percebamos o Seu concurso.

Deus, é claro, difere de tudo o que é material, a Sua natureza íntima não nos é dado conhecer ainda. Se a imaterialidade é um dos Seus atributos, é devido a isto que não podemos vê-Lo, muito menos tocá-Lo.

Podemos dividir os deístas, ou aqueles que crêem em Deus, em duas categorias. Os deístas independentes e os providenciais. Os deístas independentes são aqueles que acreditam que Deus é o autor de tudo, porém estabeleceu as leis que regem o universo e então as leis se encarregam de tudo, tudo fica por conta das leis e Deus fica alheio a tudo. Os deístas providenciais também acreditam que as leis divinas existem e sustentam o universo com justiça e amor. Contudo os deístas providenciais acreditam que Deus participa de nossas vidas, é um Deus providente, um Pai de amor. Essa é a grande diferença.

Se Deus não cuidasse dos seus filhos, que somos todos nós, estaríamos à mercê de todo tipo de infortúnio, desemparados e órfãos, entregues a própria sorte. Mas isso não acontece porque Deus é o autor de tudo que existe, inclusive, autor da vida. E enquanto Criador, Ele está no comando de tudo, nos envolve sempre com o Seu amor incondicional, muito embora muitas vezes não sintamos a Sua presença.

Já falamos que fomos criados, todos, simples e ignorantes e a partir daí, até o momento presente, cometemos muitos erros, desobedecemos às leis de Deus e nos revestimos de uma camada de imperfeições. Imperfeições estas que nos impedem de sentir Deus de forma completa, embora Ele esteja sempre presente. Por isso eu falo sempre: "*Criatura só se aproxima do Criador se depurando, muito embora Ele esteja próximo o tempo todo*".

É como se estivéssemos subindo uma serra repleta de cerração e não podemos ver a luz do Sol, mas ele está lá, sabemos disso. Porém, à medida que subimos, aquela névoa vai se dissipando aos poucos e depois de certo tempo de subida, já podemos vislumbrar uma luz difusa. Quanto mais subimos, mais a névoa se dissipa e ao chegarmos ao topo da serra, podemos então, ver o Sol em toda sua plenitude. Podemos comparar a serra, como se fosse a nossa jornada evolutiva. A névoa, nossas imperfeições. E o Sol, Deus.

Amigos leitores, Deus se manifesta no universo através dos Espíritos puros que já alcançaram o topo da evolução e na Terra através do próprio homem, por isso é que quando amamos nos parecemos com Deus, pois Deus é amor. E nós somos filhos desse amor. E Ele se utiliza de todos os meios para nos ajudar que às vezes nem compreendemos.

Conta-se que certa vez, uma menina orava e chorava em voz alta, no interior do seu quarto, pedindo ajuda a Deus para o sustento da sua família, que passava fome. Um fazendeiro da região, que por ali passava montado em seu cavalo, ouviu seu pranto e sua prece pela janela aberta do quarto. O fazendeiro que era ateu e não obstante era um homem bom, se aproximou da janela, lhe deu o dinheiro necessário para uma bela compra de mantimentos, mas a advertiu:

- Quem está lhe dando o dinheiro sou eu. Deus não existe. Então pare de rezar e enxugue o pranto.

Afastou-se um pouco e voltou para ver se sua ordem fora cumprida. Viu então a menina ainda orando, dessa vez em forma de agradecimento: "*Obrigado Senhor, por atender minhas preces e mandar aquele homem bom para aliviar meu sofrimento e de minha família...*".

Fala-nos Paulo que somos templo do Espírito Santo, que o Espírito de Deus habita em nós (Coríntios 3.16 e 6.19). Por isso devemos amá-Lo, pois somos Seus filhos e sem Ele nada somos. Também está escrito que tudo concorre para o bem daqueles que amam a Deus (Romanos 8.28), então diante disso concluímos que o mal aparente que, às vezes, acontece, não é mal, e concorre para o nosso bem, porquanto Deus está no comando de tudo e Ele nos ama como Pai.

Todos os versos colocados aqui até agora, foram de

autoria desse escriba iniciante, porém este agora é de autoria desconhecida, como tantas pérolas que existem por aí. É uma poesia tão linda que eu não poderia deixar de fora, até porque tem tudo a ver com este capítulo que encerra o livro:

ONDE ESTÁ DEUS?

Onde está Deus? Pergunta o cientista.
Ninguém O viu jamais. Quem Ele é?
Responde às pressas o materialista:
Deus é somente uma invenção da fé.

O pensador dirá sensatamente:
Não vejo Deus, mas sinto que Ele existe...
A natureza mostra claramente
Em que o poder do Criador consiste.

Mas o poeta dirá com a segurança
De quem afirma porque tem certeza:
Eu vejo Deus no riso da criança,
No céu, no mar, na luz da natureza.

Contemplo Deus brilhando nas estrelas,
No olhar das mães, fitando os filhos seus,
Nas noites de luar claras e belas,
Em tudo pulsa o coração de Deus.

Eu vejo Deus nas flores e nos prados,
Nos astros a bailar no infinito,
Escuto Deus na voz dos namorados,
E vejo Deus nas lágrimas do aflito.

Percebo Deus na frase que perdoa,
Contemplo Deus na mão que acaricia,
Eu vejo Deus na criatura boa,
E sinto Deus na paz e na alegria.

Eu vejo Deus no médico salvando,
Percebi Deus na dor que nos irmana,
Eu vejo Deus no sábio procurando
Compreender a natureza humana.

Eu vejo Deus num gesto de bondade,
Escuto Deus nos cântico do crente,
Percebo Deus no sol, na liberdade,
E vejo Deus na planta e na semente.

Eu vejo Deus enfim por toda parte,
Pois tudo fala dos poderes Seus...
Descubro Deus nas expressões de arte,
No amor dos homens também eu sinto Deus...

Mas onde eu sinto Deus com mais beleza,
Na Sua mais sublime vibração,
Não é no coração da natureza,
É dentro do meu próprio coração.

CEAC
EDITORA